이지파이썬 2

이지파이썬 2

1판1쇄 발행 | 2024년 9월 1일
지은이 | 한국인공지능아카데미
펴낸곳 | 클라우드북스

QA | 이은영
교정 | 이유진
편집 | 문유라
출판신고 | 2012년 4월 17일
출판등록 | 313-2012-124
주소 | 서울 마포구 월드컵북로 361, 602호
이메일 | cloud@cloudbooks.co.kr
사이트 | www.cloudbooks.co.kr
페이스북 | www.facebooks.com/cloudbookskorea
팩스 | 0303-3445-2260

제작 | 한영문화사
용지 | 신승INC

ISBN 978-89-97793-28-0 14000

이 책에 실린 모든 텍스트, 아이디어, 편집 구성의 저작권은 한국인공지능아카데미와 클라우드북스에 있습니다.
본사와 저자의 서면허락없이는 책 내용의 전체나 일부를 어떠한 형태나 수단으로도 이용하지 못합니다.
이 책이 무단 게재되거나 스캔본이 유통되는 경우 출판사나 한국저작권보호원에 신고해주시기 바랍니다.
한국저작권보호원 불법복제 신고 연락처 : 02) 3153-2779, https://www.copy112.or.kr
잘못된 책은 구입하신 서점에서 바꾸어 드립니다.
책값은 뒤표지에 있습니다.

Copyright 2021 all right reserved / 상표권등록 2024.01

이지 파이썬 2

EzPython

한국인공지능아카데미 지음

클라우드북스

머리말

이지파이썬에 오신 여러분을 환영합니다.

지금 우리는,
인공지능을 비롯한 4차 산업의 기술들이 급격하게 발전하면서
우리의 생활과 산업을 변화시키고 있는 것을 목도하고 있습니다.

이러한 급격한 변화의 핵심에는 프로그래밍이 자리 잡고 있습니다.
프로그래밍은 단순히 코드를 작성하는 기술을 넘어서,
우리의 생각과 아이디어를 현실로 구현하는 가장 강력한 도구가 되었습니다.

여러 프로그래밍 언어 중에서 특히 파이썬 언어는
인공지능, 빅데이터, 사물인터넷, 자율주행, 자동화 등의 분야에서
필수적인 언어로 자리매김하고 있습니다.

4차 산업에 근간이 되는 파이썬 프로그래밍 언어를 공부하는 것은
기술의 시대에 발맞추어 개인의 경쟁력을 향상시키고
창의적이고 혁신적인 일에 다가갈 기회를 잡는 것입니다.

이지파이썬 시리즈가 여러분을 프로그래밍의 세계로
즐겁고 쉽게 인도하게 되기를 바랍니다.

이 시리즈의 제작 주체인 한국인공지능아카데미는
2018년 설립된 이래로 인공지능 교육을 전문으로 해왔습니다.

유수의 대기업 AI 연구소를 대상으로 한 AI 실무교육,
기업이나 공공기관 임직원 등 정책 결정자들을 위한 교육,
AI 대학원 위탁 교육, 특성화고 AI 관련 학과의 인공지능 취업 교육,
S시 교육특구 사업으로 초등학생 대규모 온라인 파이썬 교육 등
다양한 영역의 인공지능 교육을 시행하면서 노하우를 쌓아 왔습니다.

다양한 대상을 교육하면서 탄탄한 기초의 중요성을 실감하였으나
파이썬 특유의 직관성과 쉬운 난이도로 인해
오히려 파이썬의 기초가 소홀히 다뤄지는 경우가 많다고 느꼈습니다.

이에, 개념 이해와 꼼꼼한 기초 쌓기에 중점을 둔,
이지파이썬 시리즈를 출시합니다.

이 책은 프로그래밍 초보자를 대상으로 합니다.
성인들도 학생 시기에 프로그래밍을 접하지 못한 경우가 대부분이기에,
프로그래밍은 누구에게나 처음이나 마찬가지입니다.

이지파이썬 시리즈가
부모님과 자녀가 함께 즐겁게 파이썬을 공부할 수 있는 책으로,
처음 프로그래밍을 배우는 비전공자 및 초보자들을 위한 교재로,
AI에 관심있는 누구나 쉽고 빠르게 배울 수 있는 가이드로
잘 활용되기를 바랍니다.

- 한국인공지능아카데미 일동 -

이 책의 구성

각 장은 다음의 순서로 구성됩니다.

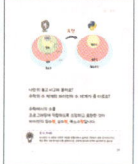 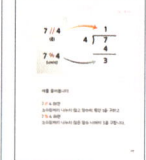

개념 이해
개념을 그림과 설명으로 이해해요.

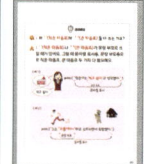

핵심 요약
한 눈에 핵심을 파악해요.

코드 실습
개념을 코드로 풀어서 실습해요.

퀴   즈
퀴즈를 풀면서 내용을 복습해요.

미   션
스토리텔링 미션을 풀면서
파이썬으로 일상의 문제들을
해결해 봅니다.

도우미 사이트

www.pyrun.kr 사이트에서 책의 실습 코드를 따라 연습해보세요. pyrun은 웹에서 바로 파이썬을 사용할 수 있는 파이썬 연습장으로, 한국인공지능아카데미가 만든 무료 오픈소스 사이트입니다.

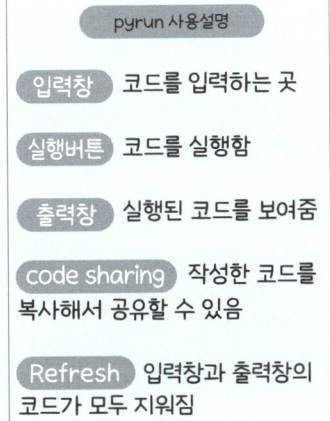

pyrun 사용설명
- 입력창: 코드를 입력하는 곳
- 실행버튼: 코드를 실행함
- 출력창: 실행된 코드를 보여줌
- code sharing: 작성한 코드를 복사해서 공유할 수 있음
- Refresh: 입력창과 출력창의 코드가 모두 지워짐

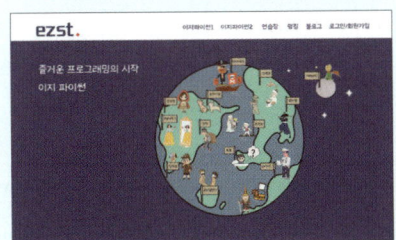

파이썬 실력 향상을 위해 더 많은 실습코드와 더 많은 퀴즈, 미션을 준비한 www.ezst.kr 사이트입니다. 이지파이썬 책과 함께 보세요.

목 차

1권

	머리말	4
	이 책의 구성	6
	도우미 사이트 소개	7
01.	print ( )	10
02.	숫자	34
03.	문자열	60
04.	문자열 연산	92
05.	변수	110
06.	변수 이름	162
07.	주석	182
08.	데이터 담기	196
09.	리스트	216
10.	리스트 연산	240
11.	튜플	254
12.	세트	280
13.	딕셔너리	302
	정답 (미션)	332

2권

	머리말	4
	이 책의 구성	6
	도우미 사이트 소개	7
14.	인덱싱	10
15.	슬라이싱	34
16.	range ( )	62
17.	bool	82
18.	내장함수	120
19.	input ( )	142
20.	조건문	158
21.	조건문 연습	186
22.	반복문의 종류	204
23.	while 반복문	216
24.	for 반복문 1	234
25.	for 반복문 2	256
26.	함수	274
	정답 (미션)	314

14. 인덱싱

14. 인덱싱

Data Structure (자료구조)

리스트　　[ ]
튜플　　　( )
세트　　　{ }
딕셔너리　{ : }

이지 파이썬 1권 9 ~ 13장에서
리스트, 튜플, 세트, 딕셔너리를 배웠어요.

이렇게 데이터를 담는 4가지 방법을
파이썬의 자료 구조 data structure 라고 합니다.

자료의 성격에 따라
그리고 자료를 담는 사람의 의도에 따라
각각 이렇게 4가지 방식이 있었습니다.

14. 인덱싱

번호를 이용해 자료에 접근하기

✓ indexing
　slicing

이런 자료구조가 필요한 이유는
데이터를 저장하고 관리했다가
필요할 때 잘 꺼내어 쓰기 위해서겠죠?

이번에는 자료구조에 접근해 값을 가져와 봅니다.
2가지 방식이 있는데
인덱싱, 슬라이싱이 있습니다.

14. 인덱싱

indexing

먼저, 인덱싱입니다.
인덱스라는 단어에 ing를 붙였습니다.

index의 사전적인 의미는 뭘까요?
수학이나 공학에서는 '지수', '지표'의 의미,
프로그래밍에서는 '찾아보기'의 의미가 있어요.

14. 인덱싱

책에도 index가 있어요

- 책 뒷쪽에 있는 '색인', '찾아보기'
- 책에 나오는 용어들을 가나다순으로 정리하고 페이지 번호를 붙인 것
- 그 페이지를 보고 앞의 내용을 찾을 수 있음

우리가 보는 책에도 인덱스가 있는데,
'색인' 혹은 '찾아보기'라고 합니다.

인덱스는 주로 책의 맨 뒤쪽에 있는데,
책에 나오는 용어들을 가나다 순으로 정리하고
페이지 번호를 써놔서 그 페이지 번호를 보고
앞의 내용으로 가서 볼 수 있죠.

14. 인덱싱

indexing

- 데이터에 순서대로 번호 붙이기

- 번호로 데이터를 찾을 수 있도록

즉, 인덱스는 데이터를 찾을 수 있도록
각 데이터요소의 위치에 부여하는 번호를 말하고

인덱싱은 인덱스를 이용해서
그 데이터요소를 찾는 것을 말합니다.

14. 인덱싱

고양이와 강아지와 같이 인덱싱해 보겠습니다.

게, 당근, 닭다리, 생선, 오징어가 있고
고양이와 강아지가 각각 원하는 것이 있네요.

각각 생선과 닭다리를 원합니다.

14. 인덱싱

번호로? 어떻게 번호로 말할까요?

게, 당근, 닭다리, 생선, 오징어에 번호를 붙여서
고양이와 강아지가 원하는 것을
가질 수 있게 해 봅니다.

14. 인덱싱

우리는 보통 1 2 3 4 이렇게 1부터 번호를 매기는데,
인덱싱은 0 1 2 3 이렇게 번호를 매깁니다.
0부터 시작하는 것에 주의하세요.

게는 0, 당근은 1, 닭다리는 2, 생선은 3, 오징어는 4
각 위치에 번호_{인덱스}가 부여됩니다.

14. 인덱싱

이제 먹고 싶은 것을 번호로 요구할 수 있겠네요.

고양이가 먹고 싶은 생선은 4번째 자리에 있지만 인덱스가 0부터 시작하므로 인덱스로 3입니다.

강아지가 먹고 싶은 닭다리는 3번째 자리에 있지만 인덱스로는 2입니다.

14. 인덱싱

인덱스는 대괄호 기호를 사용해서 표시해줍니다.

대괄호는 리스트에도 사용되었어요. <1권 09. 리스트>

대괄호 기호가 리스트에 사용될 때와는 달리,
인덱스에 사용될 때는
변수 이름 바로 옆에서 숫자와 함께 사용됩니다.

14. 인덱싱

인덱싱 사용법

인덱싱은 데이터 구조 안에서 값을 가져오기 때문에
즉, 문자열, 리스트, 튜플에서 인덱싱하기 때문에

그 데이터를 담고 있는 변수 이름menu을 써주고
그 옆에 대괄호로 번호인덱스를 표시합니다.

그래서 고양이와 강아지는 각각
menu라는 리스트 변수 옆에 [인덱스]를 사용해서
생선과 닭다리를 가져올 수 있습니다.

14. 인덱싱

그리고, 번호인덱스는 앞에서부터 매기기도 하지만, 뒤에서부터 매길 수도 있어요.

뒤에서부터 매길 때는 0부터 시작하지 않고 -1, -2, -3 이렇게 합니다.

그러면, 생선은 [3] 또는 [-2]가 되고 닭다리는 [2] 또는 [-3]이 됩니다.

14. 인덱싱

인덱싱

```
m y _ p e n
0 1 2 3 4 5
-6 -5 -4 -3 -2 -1
```

문자열의 인덱싱을 살펴봅니다.
문자 하나하나에 번호인덱스를 붙이고
공백에도 번호인덱스를 부여합니다.

그리고, 문자열도 뒤에서부터 -1, -2, -3 순으로
번호인덱스를 부여할 수 있습니다.

14. 인덱싱

인덱싱

m y _ p e n
0 1 2 3 4 5
-6 -5 -4 -3 -2 -1

- 번호를 이용해 각 값에 접근한다
- 문자열, 리스트, 튜플에서 가능하다.

정리해 봅니다.

인덱스란 문자열, 리스트, 튜플에서
각 요소의 위치에 번호를 붙이는 것을 말하며,

인덱싱은 그 번호로 각 값에 접근하는 것입니다.

14. 인덱싱

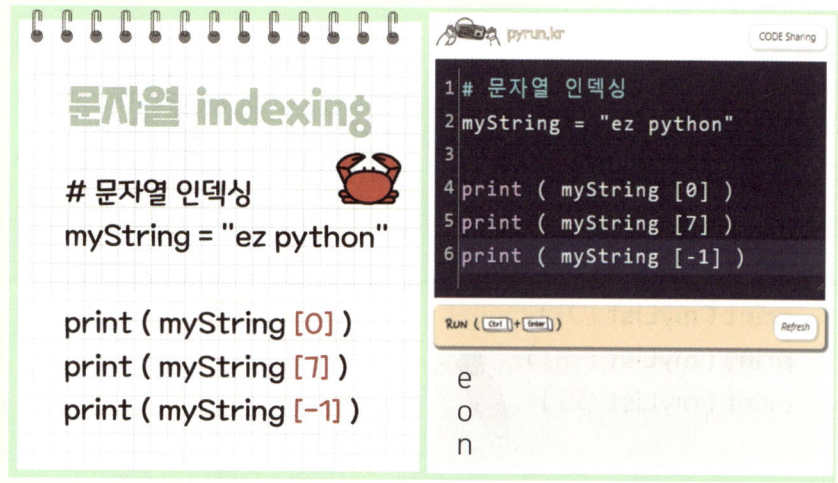

이제 파이런에서 인덱싱을 실습해 볼게요.

변수 myString을 선언하고
문자열 ez python을 할당하고 인덱싱해 봅니다.

인덱싱할 때는 변수 이름 뒤에 대괄호를 하고
인덱스를 넣습니다.

14. 인덱싱

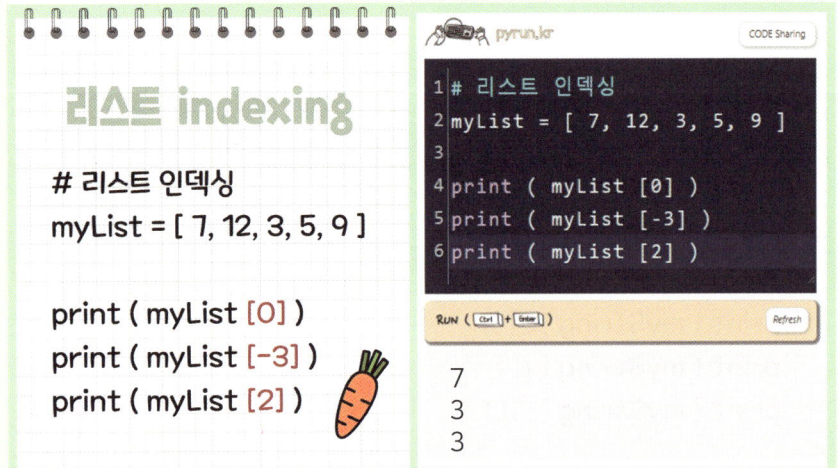

리스트도 인덱싱 해봅니다.

콤마로 구분된 각 요소가 인덱스 하나씩 차지해요.

마찬가지로 변수 이름 뒤에 대괄호를 한 다음
대괄호 기호 안에 인덱스를 넣습니다.

실행하면 0의 자리에 7, -3의 자리에 3,
2의 자리에 3이 출력됩니다.

14. 인덱싱

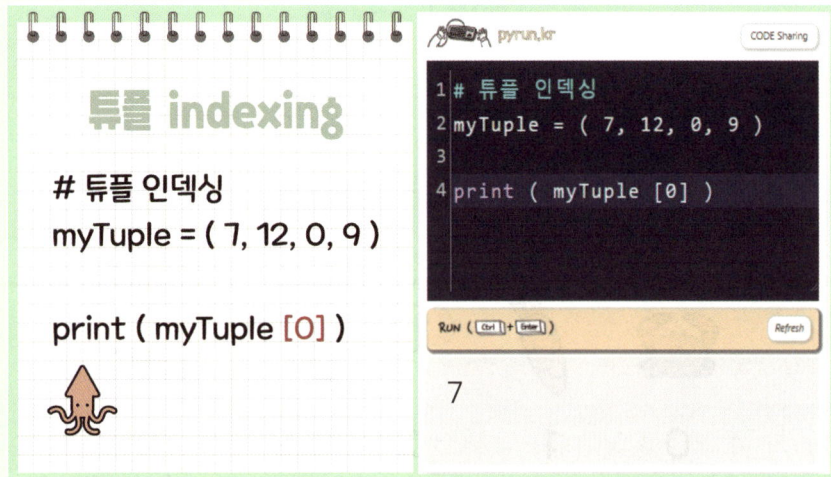

튜플도 인덱싱을 할 수 있습니다.
튜플의 요소는 추가, 수정, 삭제되지 않지만
인덱싱으로 값을 가져오는 것은 가능해요.

마찬가지로 변수 이름 뒤에 대괄호를 한 다음
인덱스를 넣습니다.

위의 myTuple [0] 외에 다른 인덱스도 입력해서
값을 가져와 보세요.

14. 인덱싱

핵심 요약

인덱싱 indexing

```
  0     1     2     3     4
 -5    -4    -3    -2    -1
```

● 자리 번호를 이용해 각 값에 접근한다.

● 인덱스 값은 [ ]에 넣는다.

● 문자열, 리스트, 튜플에서 가능하다.

코드 실습

pyrun.kr에서 다음을 각각 입력하고 실행해 보세요.

입력

```
# 문자열의 인덱싱
text = "ez python"

print ( text [ 0 ] )
print ( text [ 7 ] )
print ( text [ -2 ] )
```

입력

```
# 리스트의 인덱싱
team = [ 'Su', 'Jun', 'Ed' ]

print ( team [ 0 ] )
print ( team [ 1 ] )
print ( team [ -1 ] )
```

```
1 # 문자열의 인덱싱
2 text = "ez python"
3
4 print ( text [ 0 ] )
5 print ( text [ 7 ] )
6 print ( text [ -2 ] )
```
RUN (Ctrl + Enter)　　Refresh

```
e
o
o
```

```
1 # 리스트의 인덱싱
2 team = [ 'Su', 'Jun', 'Ed' ]
3
4 print ( team [ 0 ] )
5 print ( team [ 1 ] )
6 print ( team [ -1 ] )
```
RUN (Ctrl + Enter)　　Refresh

```
Su
Jun
Ed
```

14. 인덱싱

입력
```
# 리스트의 인덱싱
num = [ 7, 12, 3, 5, 9 ]

print ( num [ 0 ] )
print ( num [ -3 ] )
print ( num [ 4 ] )
```

입력
```
# 튜플의 인덱싱
num = ( 7, 12, 3, 5, 9 )

print ( num [ 0 ] )
print ( num [ -3 ] )
print ( num [ 4 ] )
```

```
1  # 리스트의 인덱싱
2  num = [ 7, 12, 3, 5, 9 ]
3
4  print ( num [ 0 ] )
5  print ( num [ -3 ] )
6  print ( num [ 4 ] )
```
RUN (Ctrl + Enter)   Refresh

```
7
3
9
```

```
1  # 튜플의 인덱싱
2  num = ( 7, 12, 3, 5, 9 )
3
4  print ( num [ 0 ] )
5  print ( num [ -3 ] )
6  print ( num [ 4 ] )
```
RUN (Ctrl + Enter)   Refresh

```
7
3
9
```

파이썬 연습장
pyrun.kr

14. 인덱싱

퀴즈

1. 다음 중 인덱싱의 특징으로 알맞지 않은 것은 무엇일까요?
   ① 문자열과 리스트에서 원소의 순서는 0부터 시작한다.
   ② 문자열 'Happy'에서 인덱스 1의 원소는 H이다.
   ③ 인덱스를 이용해 특정 위치의 요소를 불러오는 것이다.
   ④ 리스트의 자료를 인덱싱으로 불러올 수 있다.

2. 다음 코드의 실행 결과로 알맞은 것은 무엇일까요?
   ```
   city = [ 'Seoul', 'London', 'Seattle', 'Paris', 'Tokyo' ]
   print ( city [ 3 ] )
   ```
   ① Paris   ② Seattle   ③ "Paris"   ④ "Seattle"

3. 주민등록번호에서 붉은 색의 숫자가 있는 위치가 성별을 나타냅니다. 다음에서 성별 정보를 출력해 보세요.
   ```
   user = '141028-4388771'
   print ( _____ )
   ```
   ① user [-6]   ② user [7]
   ③ user [8]   ④ user [9]

답   1.② 2.① 3.②

14. 인덱싱

4. 아래 코드의 실행 결과는 무엇일까요?

   ```
   num = [ 100, 200, 300 ]
   num [ 1 ] = 500
   print ( num )
   ```

   ① [100, 200, 300]   ② [100, 500, 300]
   ③ [100, 200, 300, 500]   ④ 오류가 발생한다.

5. 입력 / 출력이 다음과 같다면 괄호 안에 알맞은 코드는 무엇일까요?

   입력
   ```
   word = [ 'To', 'is', 'Python', 'me', 'useful', 'perfect' ]
   print (              )
   ```

   출력
   ```
   Python is useful
   ```

   ① word [1], word [0], word [3]
   ② word [3], word [2], word [5]
   ③ word [2], word [1], word [4]
   ④ word [2] + word [1] + word [4]

   답 4.② 5.③

미션

범행은 어떤 날 일어날까?

탐정 Ez가 범인이
다음 범죄를 언제 저지르려는지
단서를 포착했어요.

다음은 범인이 남긴 메모에요.
범행은 언제 일어날지
인덱싱해서 알아맞춰 보세요.
답은 " ◯ ◯ ◯ ◯ " 입니다.

t = ['비', '좋', '추', '오', '맑', '날', '는']

정답은 p. 314에 있어요.

15. 슬라이싱

15. 슬라이싱

번호를 이용해 자료에 접근하기

indexing

✓ slicing

앞에서 번호를 이용해 자료에 접근하는
인덱싱을 배웠어요.

요소의 위치에 매기는 번호는 인덱스,
인덱스를 이용해 값을 가져오는 것이 인덱싱이었어요.

이번에는 슬라이싱입니다.

15. 슬라이싱

slicing

슬라이싱은
슬라이스slice라는 영어 단어에 ing를 한 것이에요.
슬라이스는 얇게 썬 조각이나 일부분을 말해요.

프로그래밍에서 슬라이싱slicing은
특정 요소들의 일부분을 잘라서 가져오는 것을 말합니다.

15. 슬라이싱

슬라이싱

이번에도 고양이와 강아지와 같이 슬라이싱해 보죠.

고양이는 생선과 연어를,
강아지는 당근과 닭다리를 달라고 하네요.

15. 슬라이싱

슬라이싱

어디서부터 어디까지

슬라이싱

이렇게 범위를 지정해 가져오는 것이 슬라이싱입니다.

15. 슬라이싱

슬라이싱

[a : b]

슬라이싱도 역시 대괄호 기호를 사용합니다.

인덱싱과의 차이점은
범위를 지정하는 숫자 사이에
콜론(:)이 들어간다는 점입니다.

15. 슬라이싱

슬라이싱

[a : b : c]

a번부터 (b-1)번까지 c씩 건너뛰기

슬라이싱은 건너뛰면서 값을 가져올 수도 있습니다.

위의 공식에서 c는 얼만큼씩 건너뛸지를 나타냅니다.

즉, 위의 슬라이싱 공식은
a부터 b 바로 앞까지, c씩 건너뛰는 것을 의미하며,

c가 1일 경우 즉, c가 1씩 건너뛰는 경우
: c는 생략 가능합니다.

슬라이싱

- 번호를 이용해 일부 값들을 추출
- 문자열, 리스트, 튜플에서 가능하다.

[a : b]
a번부터 (b-1)번까지

정리하면, 슬라이싱이란
번호를 이용해서 일부 값들을 추출하는 것으로
문자열, 리스트, 튜플에서 가능합니다.

[a : b]로 표현하면
a부터 b 바로 앞까지 슬라이싱해서
요소들을 가져옵니다.

15. 슬라이싱

예를 들어 봅니다.
강아지는 당근과 닭다리를 원하네요.

당근의 인덱스는 1,
닭다리의 인덱스는 2입니다.

슬라이싱 [a : b]의 형태로
당근과 닭다리를 가져와 보겠습니다.

15. 슬라이싱

슬라이싱

[1 : 3]로 슬라이싱하면
1과 2까지, 3 바로 앞까지 가져올 수 있습니다.

즉, 당근과 닭다리를 가져올 수 있습니다.

15. 슬라이싱

슬라이싱

이번에는 당근, 닭다리, 생선을 가져오려고 해요.

당근의 인덱스는 1,
닭다리의 인덱스는 2,
생선의 인덱스는 3입니다.

당근부터 생선까지 가져오려면
슬라이싱은 어떻게 해야할까요?

슬라이싱

이번에는 [1 : 4]로 입력하면

인덱스 1인 당근부터
인덱스 4인 연어 바로 앞까지,
당근, 닭다리, 생선을 가져올 수 있습니다.

15. 슬라이싱

이번에는 생선과 연어를 가져오고 싶은
고양이의 슬라이싱을 보죠.
인덱스 3부터 끝까지입니다.

만약 [3 : 4]로 입력하면 4 바로 앞까지라
연어는 가져올 수 없어요.

그럼, 끝의 요소까지 가져오려면 어떻게 하면 될까요?

15. 슬라이싱

이렇게 맨 끝의 요소까지 슬라이싱하려면
[3 :]처럼
콜론: 뒤에 아무것도 쓰지 않고 비워둡니다.

그러면, 인덱스 3인 생선부터
맨 끝의 연어까지 모두 슬라이싱됩니다.

15. 슬라이싱

이번에는 고양이가 맨 앞부터 슬라이싱해서
게와 당근을 가져오려고 합니다.

게의 인덱스는 0,
당근의 인덱스는 1입니다.

15. 슬라이싱

맨 앞의 요소부터 슬라이싱할 때는
[0 : 2]처럼 0을 써도 되고,
[: 2]처럼 0을 쓰지 않고 생략해도 됩니다.

0을 쓰지 않아도 그 자리에 0이 있는 것으로,
맨 앞의 요소부터 슬라이싱하는 것으로 약속합니다.

그러면 숫자 없이 [:]로 표시하면 어떤 의미일까요?
처음부터 끝까지 값을 모두 가져옵니다.

15. 슬라이싱

슬라이싱 사용법

슬라이싱의 표기법을 배웠으니
이번에는 코드 안에서 사용하는 방법입니다.

슬라이싱도 인덱싱처럼
데이터 구조 안에서 값을 가져오기 때문에,

데이터를 담고 있는 변수 이름 menu 을 써주고
그 바로 옆에 대괄호로
슬라이싱할 인덱스 범위를 표시합니다.

15. 슬라이싱

[a : b : c] 형태의 슬라이싱의 예입니다.

menu [: : 2]는 처음부터 끝까지 2씩 건너뛴다는 의미이므로, 인덱스 0, 2, 4가 슬라이싱됩니다.
게, 닭다리, 연어를 가져올 수 있어요.

menu [1 : : 3]은 인덱스 1부터 끝까지 3씩 건너뛰어서 인덱스 1과 4가 슬라이싱됩니다.
당근과 연어를 가져올 수 있어요.

15. 슬라이싱

문자열 slicing

```
a = "513679"

print ( a [ 2 : 4 ] )    # 36
print ( a [ 1 : 5 ] )    # 1367
print ( a [ 1 : ] )      # 13679
print ( a [ : 3 ] )      # 513
print ( a [ 0 : ] )      # 513679
print ( a [ : ] )        # 513679
print ( a )              # 513679
```

```
a = "513679"
print ( a [ 2 : 4 ] )    # 36
print ( a [ 1 : 5 ] )    # 1367
print ( a [ 1 : ] )      # 13679
print ( a [ : 3 ] )      # 513
print ( a [ 0 : ] )      # 513679
print ( a [ : ] )        # 513679
print ( a )              # 513679
```

```
36
1367
13679
513
513679
513679
513679
```

pyrun.kr을 열고 슬라이싱을 연습해 봅니다.

문자열 "513679"가 있는 변수 a의 슬라이싱입니다.

a [1 :]은 인덱스 1부터 끝까지,
a [: 3]은 처음부터 인덱스 2까지,
a [0 :]과 a [:], a는
모두 처음부터 끝까지 출력해 줍니다.

15. 슬라이싱

문자열 slicing

```
# 문자열 슬라이싱
myString = "python world"

print ( myString [ 0 : 5 ] )
print ( myString [ : 5 ] )
print ( myString [ 2 : ] )
print ( myString [ : ] )
```

```
1  # 문자열 슬라이싱
2  myString = "python world"
3
4  print ( myString [ 0 : 5 ] )
5  print ( myString [ : 5 ] )
6  print ( myString [ 2 : ] )
7  print ( myString [ : ] )
```

pytho
pytho
thon world
python world

공백이 있는 문자열의 슬라이싱을 해봅니다.

myString [0 : 5]은 인덱스 0부터 인덱스 4까지,
myString [: 5]도 인덱스 0부터 인덱스 4까지,

myString [2 :]은 인덱스 2부터 끝까지,
myString [:]은 처음부터 끝까지 출력해 줍니다.

15. 슬라이싱

리스트, 튜플 slicing

```
# 리스트 슬라이싱
myList = [ 55, 88, 15, 68, 90 ]
print ( myList [ 1 : 4 ] )
print ( myList [ 2 : ] )

# 튜플 슬라이싱
myTuple = ( 2, 3, 5, 7 )
print ( myTuple [ : -2 ] )
```

```
1  # 리스트 슬라이싱
2  myList = [ 55, 88, 15, 68, 90 ]
3  print ( myList [ 1 : 4 ] )
4  print ( myList [ 2 : ] )
5
6  # 튜플 슬라이싱
7  myTuple = ( 2, 3, 5, 7 )
8  print ( myTuple [ : -2 ] )
```

[88, 15, 68]
[15, 68, 90]
(2, 3)

리스트와 튜플의 슬라이싱도 연습해 보세요.

myTuple [: -2]는 처음부터 인덱스 -2 바로 앞까지, 즉, 2와 3을 출력합니다.

리스트를 슬라이싱하면 결과물이 리스트로 출력되고 튜플을 슬라이싱하면 결과물이 튜플로 출력됩니다.

15. 슬라이싱

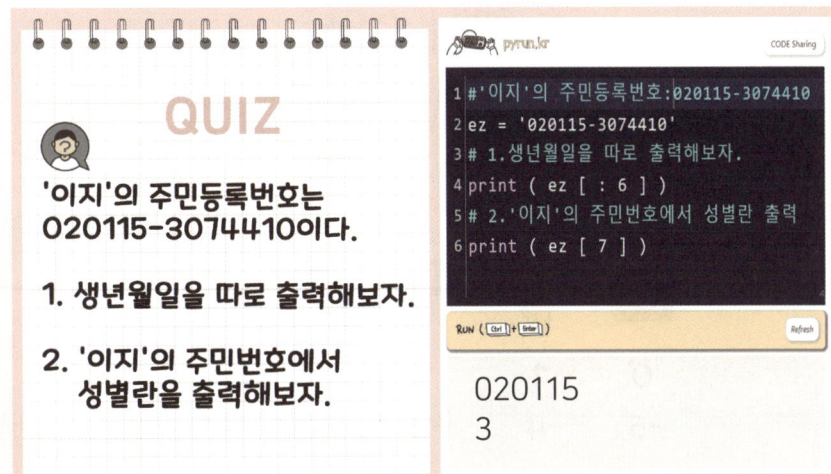

간단한 퀴즈입니다. 아래 힌트를 참고하세요.

1번 문제 힌트.
020115-3074410에서 생년월일은 앞의 6자리예요.
인덱스 0부터 인덱스 6 바로 앞까지 입니다.

2번 문제 힌트.
020115-3074410에서 붉은 글씨 부분이 성별을 나타내는 부분입니다. 인덱스 7 또는 -7입니다.

15. 슬라이싱

핵심 요약

슬라이싱 slicing

0   1   2   3   4
-5   -4   -3   -2   -1

[a : b : c]   c가 1이면 생략가능

a번부터 (b-1)번까지 c씩 건너뛰기

- 자리 번호를 이용해 일부 값을 추출한다.
- 슬라이싱에 사용하는 기호는 [ ]이다.
- 문자열, 리스트, 튜플에서 가능하다.

15. 슬라이싱

코드 실습

pyrun.kr에서 다음을 각각 입력하고 실행해 보세요.

입력
```
num = '02468957'
print ( num [ 4 : ] )
print ( num [ : 6 : 3 ] )
print ( num [ -3 : ] )
print ( num [ : : 2 ] )
```

입력
```
text = 'ez python'
print ( text [ 0 : 5 ] )
print ( text [ : 8 : 2 ] )
print ( text [ 3 : ] )
print ( text [ : : 2 ] )
```

```
1 num = '02468957'
2 print ( num [ 4 :   ] )
3 print ( num [ : 6 : 3 ] )
4 print ( num [ -3 :   ] )
5 print ( num [ :   : 2 ] )
```

```
1 text = 'ez python'
2 print ( text [ 0 : 5 ] )
3 print ( text [ : 8 : 2 ] )
4 print ( text [ 3 :   ] )
5 print ( text [ :   : 2 ] )
```

8957
06
957
0485

ez py
e yh
python
e yhn

파이썬 연습장
pyrun.kr

15. 슬라이싱

입력

```
score = [ 5, 88, 15, 90 ]
print ( score [ 1 : 3 ] )
print ( score [ 2 : ] )
print ( score [ : 3 ] )
print ( score [ : ] )
```

입력

```
grade = ( 2, 3, 5, 7 )
print ( grade [ : 2 ] )
print ( grade [ 1 : 3 ] )
print ( grade [ : -2 ] )
```

```
1 score=[55, 88, 15, 90]
2 print ( score [ 1 : 3 ] )
3 print ( score [ 2 : ] )
4 print ( score [  : 3 ] )
5 print ( score [ : ] )
```

[88, 15]
[15, 90]
[55, 88, 15]
[55, 88, 15, 90]

```
1 myTuple = ( 2, 3, 5, 7 )
2 print ( myTuple [ : 2 ] )
3 print ( myTuple [ 1 : 3 ] )
4 print ( myTuple [ : -2 ] )
```

(2, 3)
(3, 5)
(2, 3)

파이썬 연습장
pyrun.kr

퀴즈

1. 다음 코드의 실행 결과는 무엇일까요?

   ```
   numbers = [ 21, 32, 13, 4, 15, 56, 47, 78 ]
   print ( numbers [ 0 : 6 : 2 ] )
   ```

   ① [21, 13, 15]   ② [21, 13]
   ③ [21, 32, 13, 4, 15, 56,]
   ④ [21, 32, 13, 4, 15, 56, 47, 78]

2. 다음 코드의 실행 결과는 무엇일까요?

   ```
   string = 'abcdefgh'
   print ( string [ 0 : 4 ] )
   ```

   ① abcd   ② abc   ③ ab   ④ abcde

3. 다음에서 world를 출력해줄 빈칸에 들어갈 코드는?

   ```
   text = "hello world"
   print ( _____ )
   ```

   ① text [6 : 10]   ② text [6 :]
   ③ text [0 : 6]   ④ text [-4 :]

답   1.① 2.① 3.②

15. 슬라이싱

4. 다음을 실행하면 출력 결과는 무엇일까요?

   ```
   stc = "Look at the dog."
   print ( stc [ : ] )
   ```

   ① 아무 것도 출력되지 않음
   ② stc [:]
   ③ "Look at the dog."
   ④ Look at the dog.

5. '20280624Rainy' 같이 날짜와 날씨가 적힌 데이터가 있어요. 날짜만 따로 출력하려면 빈 칸에 알맞은 것은?

   ```
   info = '20280624Rainy'
   date = _____
   print ( date )
   ```

   ① info [1 : 8]   ② info [1 : 9]
   ③ info [: 8]   ④ info [0 : 9]

답 4.④ 5.③

15. 슬라이싱

미션

#범인은 무엇으로 벽을 깼을까?

범인이 박물관의 벽을 깨고
보물이 있는 곳에 침입하려 했군요.

하지만, 사건을 목격한 누군가가
벽에 힌트를 남겨놓았네요.

벽을 깬 도구가 먼지 다음 문자열에서
슬라이싱해서 알아내세요.

정답은 p. 315에 있어요.

16.
range ( )

16. range ( )

range ( )

범위 내 정수를 만드는 함수

range ( )는 반복문에서 아주 중요하게 쓰이는데,
슬라이싱과 비슷한 점이 있어서
슬라이싱에 바로 이어서 다루려고 해요.

영어에서 range라는 말은 '범위'라는 의미인데,
비슷하게 파이썬에서 range ( )는
범위라는 의미와 반복의 의미가 있습니다.

16. range ( )

range ( ) vs slicing
~부터 ~까지

먼저, range ( )와 슬라이싱 slicing 의
비슷한 점을 살펴봅니다.

둘 다 '어디부터 어디까지'의 의미가 있어요.

16. range ( )

range vs slicing

range (a, b, c)   [a : b : c]

a부터 (b-1)까지 c씩 건너뛴다

그리고, range( )와 슬라이싱 모두
a부터 (b-1)까지 c씩 건너뜁니다.

차이점으로는,
range ( )는 함수여서 소괄호를,
슬라이싱은 인덱싱에서처럼 대괄호를 사용합니다.

함수는 〈18장 내장함수〉와 〈26장 함수〉에서 더 다룹니다.

16. range ( )

range vs slicing

range (a, b, c)   [a : b : c]

콤마로 구분   콜론으로 구분

중요한 차이점이 또 있어요.

range( )는 콤마(,)로 구분하고
슬라이싱은 콜론(:)으로 구분합니다.
꼭, 기억하세요.

16. range ( )

range (a, b, c)
range (0, 5, 1)

0, 1, 2, 3, 4

이렇게 range (0, 5, 1)을 하면
0부터 5 바로 전까지 1씩 건너뛴다는 의미입니다.

즉, range (0, 5, 1)의 의미는
0, 1, 2, 3, 4가 됩니다.

16. range ( )

range (0, 5, 1)

range (0, 5)

range (5)   0, 1, 2, 3, 4

range ( )의 표현에서 생략할 수 있는 것을 알아봅니다.

range (0, 5, 1)
range (0, 5)
range (5)
위 3가지 코드 모두 0, 1, 2, 3, 4의 의미가 있습니다.

0부터 시작할 때, 1씩 건너뛸 때
시작이 0일때와 건너뛰기 1일때 각각 생략 가능합니다.

16. range ( )

```
a = range ( 0, 5, 1 )
print ( a )

b = range ( 0, 5 )
print ( b )

c = range ( 5 )
print ( c )
```

```
1  a = range ( 0, 5, 1 )
2  print ( a )
3
4  b = range ( 0, 5 )
5  print ( b )
6
7  c = range ( 5 )
8  print ( c )
```

RUN (Ctrl + Enter)   Refresh

range(0, 5)
range(0, 5)
range(0, 5)

range (0, 5, 1)을 출력하면
range 출력의 기본형인 range (0, 5)가 출력되고,

range (0, 5)를 출력해도
range 출력의 기본형인 range (0, 5)가 출력되고,

range (5)를 출력해도
range 출력의 기본형인 range (0, 5)가 출력됩니다.

16. range ( )

범위 내 정수를 만드는
range ( )

range ( )는 이렇게 주어진 2개의 숫자 범위 내에서 정수를 만들어내는 함수입니다.
하지만, range ( )를 출력해도 생성된 숫자들이 표시되지 않습니다.

range( )로 생성한 숫자들을 보고 싶으면
list ( )로 range ( )를 감싸줍니다.

list ( )는 〈18장. 내장함수〉편에서 더 자세히 다룹니다.

16. range ( )

```
a = range ( 0, 5, 1 )
print ( list ( a ) )

b = range ( 0, 5 )
print ( list ( b ) )

c = range ( 5 )
print ( list ( c ) )
```

```
1  a = range ( 0, 5, 1 )
2  print ( list ( a ) )
3
4  b = range ( 0, 5 )
5  print ( list ( b ) )
6
7  c = range ( 5 )
8  print ( list ( c ) )
```

RUN (Ctrl + Enter)

[0, 1, 2, 3, 4]
[0, 1, 2, 3, 4]
[0, 1, 2, 3, 4]

range (0, 5, 1)
range (0, 5)
range (5)

위 코드 모두 list ( )로 감싸서 출력해보면
동일하게 모두 [0, 1, 2, 3, 4]가 출력됩니다.

이렇게 range ( )로 생성한 숫자를 보고 싶을 때는
list ( )를 사용합니다.

16. range ( )

```
d = range ( 1, 10, 2 )
print ( d )
print ( list ( d ) )

e = range ( 1, 10, 3 )
print ( e )
print ( list ( e ) )
```

```
1  d = range ( 1, 10, 2 )
2  print ( d )
3  print ( list ( d ) )
4
5  e = range ( 1, 10, 3 )
6  print ( e )
7  print ( list ( e ) )
```

range(1, 10, 2)
[1, 3, 5, 7, 9]
range(1, 10, 3)
[1, 4, 7]

이번에는 range ( )의 건너뛰기입니다.

range (1, 10, 2)에서 끝 숫자 2는 2씩 건너뛰기를, range (1, 10, 3)에서 끝 숫자 3은 3씩 건너뛰기를 의미합니다.

이 세 번째 숫자가 생략되고 없으면
1씩 건너뛴다는 의미입니다.

16. range ( )

반복 횟수를 나타낼 때의 range ( )

이번에는 반복 횟수를 나타낼 때의 range ( )입니다.

range ( )는 범위 내 정수를 생성하는 것 이외에 반복 횟수를 나타내기도 합니다.

주로 반복문에서 사용됩니다.
〈22장. 반복문의 종류 / 25장. for 반복문 2〉에서 더 다룹니다.

16. range ( )

박수 5번 치세요~

range (5)

range ( )가 반복을 나타내는 예를 들어 봅니다.

박수를 5번 칠 때 range (5)를 사용할 수 있어요.

range (5)는 0부터 시작해서 4까지 세는 방법이어서 0, 1, 2, 3, 4 이렇게 다섯 개의 숫자를 포함합니다.

16. range ( )

range (5)

0, 1, 2, 3, 4 이렇게 5번 세면서 5번 반복해요.
그래서, range ( )에는 반복의 의미도 있어요.

range ( )의 이런 특징을 사용하여
컴퓨터가 다섯 번 뭔가를 하도록 할 수 있어요.

즉, 컴퓨터는 0부터 4까지 세면서
다섯 번 박수를 치게 됩니다.

그래서, range (5)는 범위 내 정수 생성 뿐아니라
5번 반복의 의미도 있어요.

16. range ( )

핵심 요약

range( )

range (a, b, c)

콤마로 구분

c가 1이면 생략가능

a번부터 (b-1)번까지 c씩 건너뛰기

range (0, 5)   범위 내 숫자 생성
0, 1, 2, 3, 4

range (5)   숫자만큼 반복
5번 반복

16. range ( )

코드 실습

pyrun.kr에서 다음을 각각 입력하고 실행해 보세요.

입력

```
print ( range ( 10 ) )
print ( range ( 0, 10 ) )
print ( range ( 0, 10, 2 ) )
```

입력

```
num = range ( 2, 10 )
print ( num )
print ( list ( num ) )
```

```
1 print(range(10))
2 print(range(0,10))
3 print(range(0,10,2))
```

```
1 num = range(2,10)
2 print(num)
3 print(list(num))
```

range(0, 10)
range(0, 10)
range(0, 10, 2)

range(2, 10)
[2, 3, 4, 5, 6, 7, 8, 9]

파이썬 연습장
pyrun.kr

16. range ( )

입력

```
a = range ( 0, 5, 1 )
print ( a )
# range( ) 안의 숫자 보기
print ( list ( a ) )
```

입력

```
b = range ( 5 )
print ( b )
# range( ) 안의 숫자 보기
print ( list ( b ) )
```

```
1 a = range ( 0, 5, 1 )
2 print ( a )
3 #range( )안의 숫자 보기
4 print ( list ( a ) )
```

range(0, 5)
[0, 1, 2, 3, 4]

```
1 b = range ( 5 )
2 print ( b )
3 #range( ) 안의 숫자 보기
4 print ( list (b) )
```

range(0, 5)
[0, 1, 2, 3, 4]

파이썬 연습장
pyrun.kr

16. range ( )

퀴즈

1\. 다음 중 range( )의 특징으로 알맞지 않은 것은 무엇일까요?
   ① 연속된 숫자로 이루어진 자료형을 만드는 함수
   ② range (a : b : c)의 형태로 사용된다.
   ③ range (10) 코드는 0부터 9까지를 의미한다.
   ④ range (5)의 원소는 5개이다.

2\. 다음 코드의 실행 결과는 무엇일까요?
```
a = range ( 1, 7, 1 )
print ( a )
```
   ① range (1, 6)   ② range (1, 7)
   ③ [1, 2, 3, 4, 5, 6]   ④ [1, 2, 3, 4, 5, 6, 7]

3\. 다음 코드의 실행 결과는 무엇일까요?
```
b = range ( 3, 21, 3 )
print ( list ( b ) )
```
   ① [3, 6, 9, 12, 15, 18, 21]   ② [3, 6, 9, 12, 15, 18]
   ③ range (3, 21, 3)   ④ range (3, 21)

답   1.② 2.② 3.②

16. range ( )

미션 ①

The Little Prince

" 나의 별에서는
해가 지는 걸 계속 볼 수 있어.
어떤 날엔 44번이나 봤어. "

어린왕자가 노을을 44번이나 봤대.
range를 사용해서
1부터 44까지 리스트로 출력해봐.

정답은 p. 316에 있어요.

16. range ( )

미션 ②

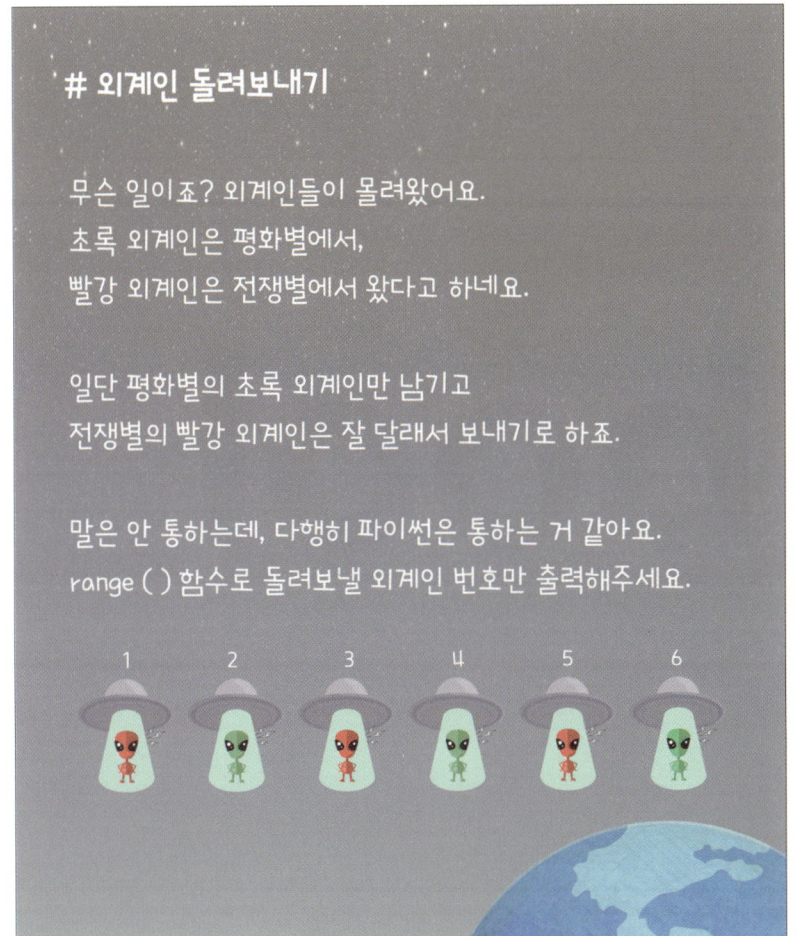

외계인 돌려보내기

무슨 일이죠? 외계인들이 몰려왔어요.
초록 외계인은 평화별에서,
빨강 외계인은 전쟁별에서 왔다고 하네요.

일단 평화별의 초록 외계인만 남기고
전쟁별의 빨강 외계인은 잘 달래서 보내기로 하죠.

말은 안 통하는데, 다행히 파이썬은 통하는 거 같아요.
range ( ) 함수로 돌려보낼 외계인 번호만 출력해주세요.

정답은 p. 317에 있어요.

17.
bool

17. bool

파이썬 변수에
담을 수 있는

데이터의 형태는

1권에서 데이터를 저장하는 자료형을 배울 때,

숫자 그리고 문자열

숫자와 문자열을 배웠어요.

17. bool

하나 더 있어요

그런데, 파이썬 자료형에는 하나가 더 있습니다.

숫자

문자열

bool

바로 bool입니다. 불 또는 부울이라고 발음합니다.

17. bool

bool은 '판단'을 하는 자료형입니다.

bool이라는 단어는 영어로
boolean불린의 줄임말이에요.

boolean은 True와 False,
두 가지 값만 가질 수 있는 데이터 타입을 의미합니다.

17. bool

숫자　　1, 757, -390, 3.5823748354...
문자열　파이썬, python, korea, easy...

bool　True, False

파이썬의 데이터 타입을 정리해보면,
숫자, 문자열, bool 이렇게 3개입니다.

숫자 자료형은 정수형, 실수형, 복소수형이고
문자열 자료형은 어떤 단어든, 문장이든 가능합니다.

그런데, bool의 자료형은
True참와 False거짓, 값이 이 2개 뿐입니다.

17. bool

bool
True / False

그럼, 프로그래밍에 True, False는 왜 필요할까요?

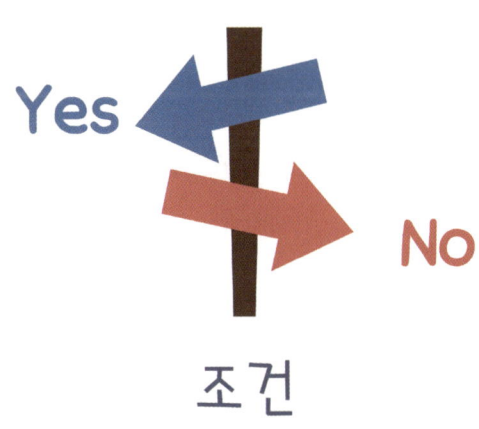

우리는 종종, 조건에 따라 결과가 달라지는 것을 봅니다.

17. bool

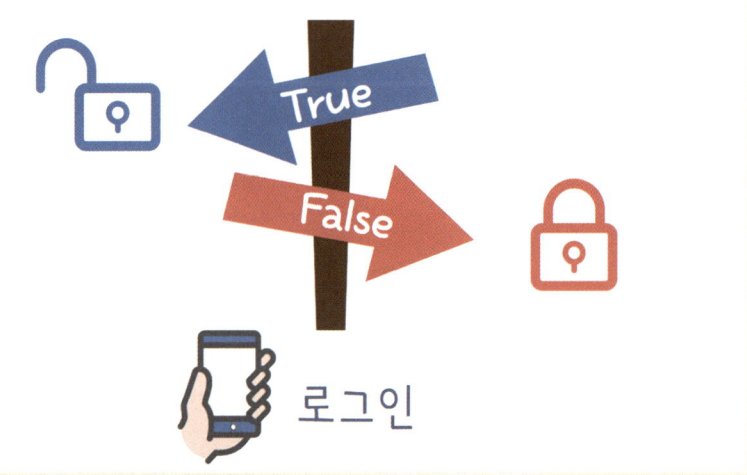

예를 들어,
로그인할 때 비번을 맞게 입력한 경우와
그렇지 않은 경우는 결과가 다르겠죠?

비번을 맞게 입력하면 True 로그인이 되고,
틀리면 False 로그인이 되지 않아요.

17. bool

게임에서 만약 스페이스 바가 점프 동작이라면

눌렀다면 True 점프하고
누르지 않으면 False 점프하지 않겠죠?

이렇게 어떤 조건에 따라 결과가 달라지게 하려면
결과를 내기 위해 판단하는 과정을 거쳐야해요.
이 사용자가 입력한 비번이 맞나 / 안 맞나,
스페이스 바를 눌렀나 / 안 눌렀나 등의 판단이요.

17. bool

True / False

좋다 / 나쁘다

그렇다 / 그렇지 않다

이럴 때 쓰는 게 True참, False거짓이에요.

True참, False거짓이라고 하니까,
True참은 좋고 False거짓은 나쁘다는 어감인데
그렇게 이해하기보다는

그렇다 / 그렇지 않다로, 혹은

17. bool

True / False

있다 / 없다
성립한다 / 성립하지 않는다

True참나 False거짓는
어떤 조건에 대해 성립한다 / 성립하지 않는다로
이해하는 게 맞습니다.

때로는 있다 / 없다의 의미로
프로그래밍하기도 합니다.

17. bool

```
a = 3
b = 5
print ( a > b )
```

예를 들어 봅니다. a가 b보다 큰지 판단하는 코드입니다.

```
a = 3
b = 5
print ( a > b )
```

False

a > b, 즉 3 > 5의 실행 결과는 False입니다.

17. bool

```
a = 5
b = 5
print ( a == b )
```

위 코드는 a와 b가 같은지를 판단하는 코드입니다.

```
a = 5
b = 5
print ( a == b )
```

True

a와 b 모두 5이므로 실행 결과는 True입니다.

17. bool

bool
비교 연산자

파이썬에서 사용하는 bool의 기호들을 살펴봅니다.

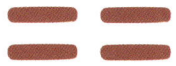

앞에 나왔던, 등호가 2개인 이 기호는 무엇일까요?

17. bool

= **vs** ==

할당하다   같다

수학에서 등호=는 파이썬에서 좀 다르게 쓰여요.

1권 〈5장. 변수〉에서, 등호=는
오른쪽의 값을 왼쪽 변수에 할당한다는 의미였죠?

등호를 2개 붙인 것==은 '같다'는 의미입니다.
정확하게는 '같은지 판단하다'의 의미입니다.

17. bool

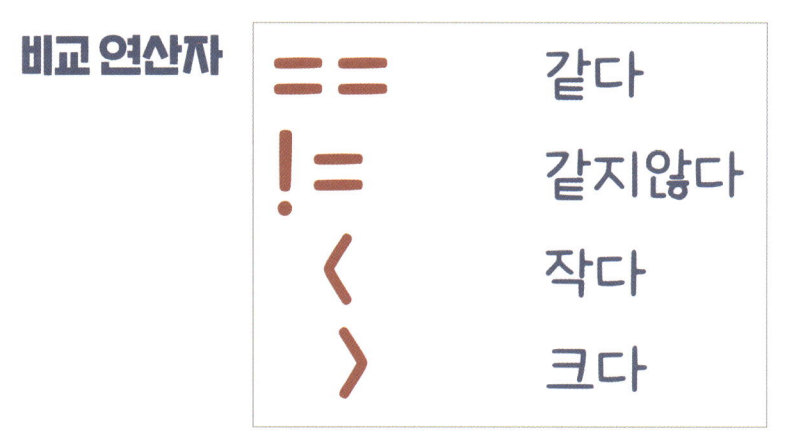

파이썬에서 쓰이는 기호들을 살펴볼게요.

==는 왼쪽 값과 오른쪽 값이 같은지 묻는 기호
!=는 왼쪽 값과 오른쪽 값이 같지 않은지 묻는 기호
〈는 왼쪽의 값이 오른쪽의 값보다 작은지 묻는 기호
〉는 왼쪽의 값이 오른쪽의 값보다 큰지 묻는 기호

17. bool

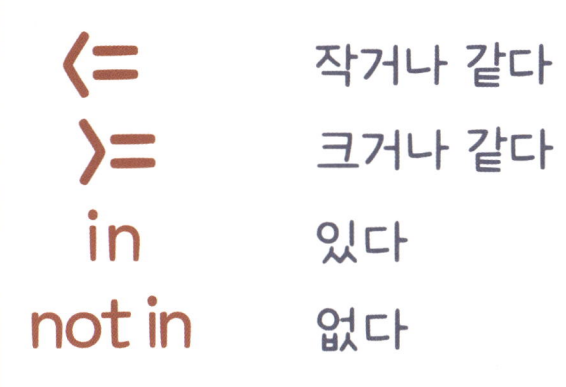

<=는 왼쪽의 값이 오른쪽의 값보다 작거나 같은지,
>=는 왼쪽의 값이 오른쪽의 값보다 크거나 같은지,

in은 왼쪽의 값이 오른쪽 데이터 구조에 있는지,
not in은 그 구조에 없는지를 묻는 기호입니다.

17. bool

비교 연산자

```
x= 5
y = 8
print ( x > y )
print ( x < y )
print ( x >= y )
print ( x <= y )
print ( x == y )
print ( x != y )
```

True / False

```
1  x = 5
2  y = 8
3  print ( x > y )
4  print ( x < y )
5  print ( x >= y )
6  print ( x <= y )
7  print ( x == y )
8  print ( x != y )
```

```
False
True
False
True
False
True
```

파이런에서 연습해 봅니다.

x 변수에 5를 할당하고, y 변수에 8을 할당합니다.
x > y는 5 > 8이니 성립하지 않습니다. -> False
x < y는 5 < 8이니 성립합니다. -> True
x >= y는 5 >= 8이니 성립하지 않습니다. -> False
x <= y는 5 <= 8이니 성립합니다. -> True
x == y는 5 == 8이니 성립하지 않습니다. -> False
x != y는 5 != 8이니 성립합니다. -> True

17. bool

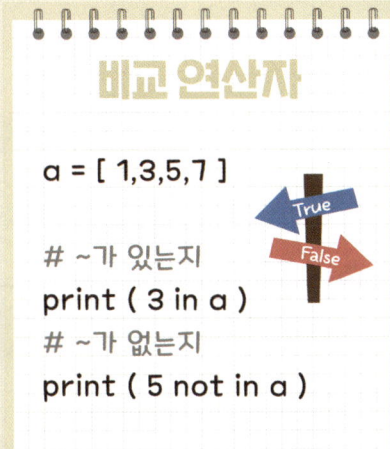
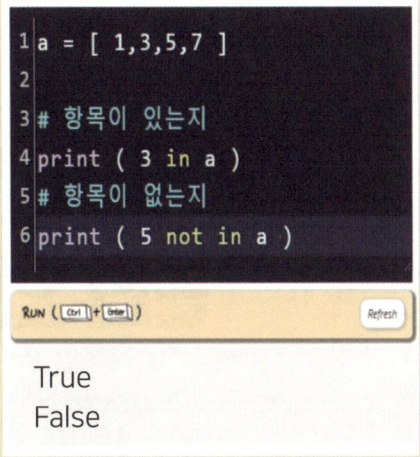

이번에는 있는지 없는지를 묻는 in입니다.

a 변수에 1,3,5,7 항목이 있는 리스트를 할당하고 3이라는 요소가 그 리스트 안에 있는지 묻습니다.

a에 3이 있으니까 3 in a를 출력하면 True, 5 not in a는 5가 a 리스트에 없는지를 묻고 있으니 출력하면 False입니다.

17. bool

bool
논리 연산자

이번에는 기호가 아닌, 단어들로 bool 값을 묻습니다.
여러 조건을 결합하거나 비교할 때 필요합니다.

and
or
not

bool 값을 묻는 단어들로는 and, or, not이 있어요.

17. bool

논리 연산자 and

먼저, and의 예를 들어 봅니다. 인터넷 사이트에서 월요일 세일 쿠폰 이벤트가 있다고 생각해 보세요.

그 쿠폰을 쓰려면 월요일이어야 하고 쿠폰도 있어야 해요.

17. bool

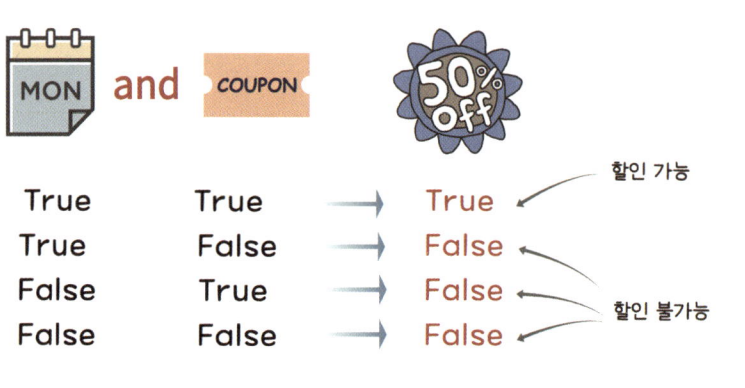

이 때, 각각 다음과 같은 경우가 있습니다.

- 월요일이고 쿠폰도 있으면 할인가능 -> True
- 월요일이지만 쿠폰이 없으면 할인 불가능 -> False
- 월요일이 아닌데 쿠폰만 있으면 할인 불가능 -> False
- 월요일도 아니고 쿠폰도 없으면 할인 불가능 -> False

17. bool

X	and	Y		
True		True	→	True
True		False	→	False
False		True	→	False
False		False	→	False

논리 연산자 and는 영어 뜻인 '그리고'처럼

- 양 쪽의 조건이 모두 True이면 True이고
- 둘 중에 하나의 조건만 True이면 False가 되고
- 두 조건 모두 False이면 False입니다.

인터넷 사이트의 월요일 할인 쿠폰을 기억하세요.

17. bool

논리 연산자 or

or의 예를 들어 봅니다. 마트에서 카드 할인 이벤트 중인데, 두 카드 중 하나만 있으면 할인이 된대요.

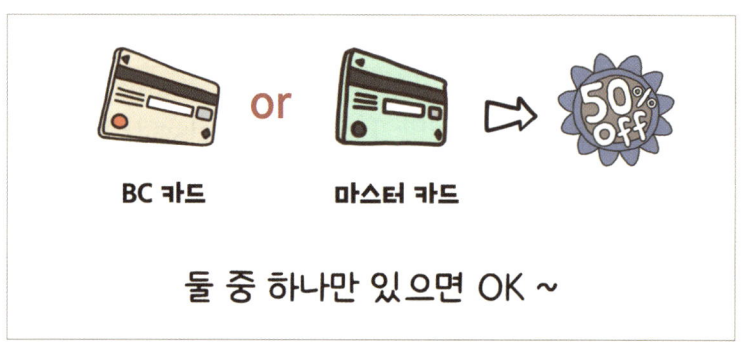

이럴 때는 카드 두 개가 다 필요한 건 아니죠?

17. bool

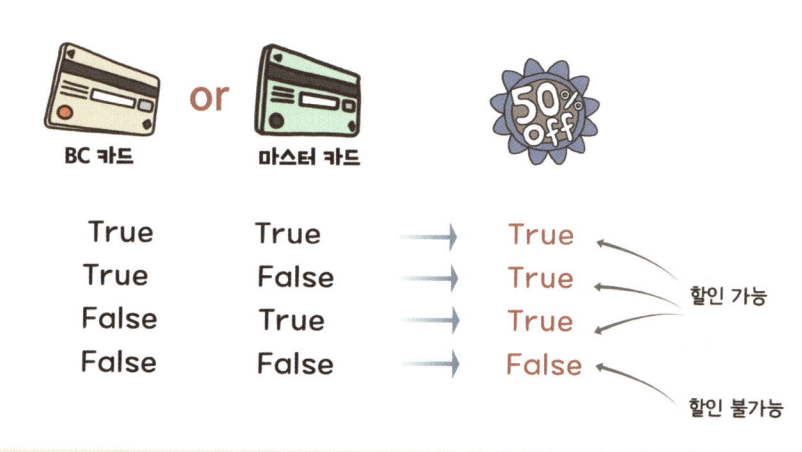

마트에서 카드 할인을 받으려면
- 둘 중 하나만 있으면 할인 가능 -> True
- BC카드만 있어도 할인 가능 -> True
- 마스터 카드만 있어도 할인 가능 -> True
- 두 카드 모두 없으면 할인 불가능 -> False

두 카드 다 있을 필요 없이
하나만 있어도 할인받을 수 있는 것이 포인트입니다.

17. bool

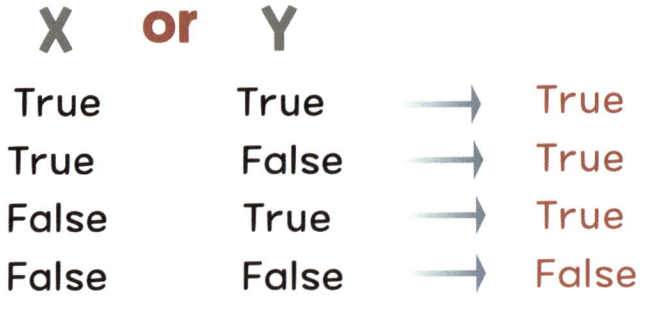

즉, 논리 연산자 or는 영어 뜻인 '또는'처럼

- 양 쪽의 조건이 모두 True이면 True이고
- 둘 중에 하나의 조건만 True여도 True이고
- 두 조건 모두 False이면 False입니다.

마트의 카드 할인 이벤트를 기억하세요.
둘 중 하나만 있어도 True였습니다.

논리 연산자 not

not X

True → False
False → True

논리 연산자 not은 그 반대의 값이 나오게 합니다.

True에 not을 붙이면 반대니까 False,
False에 not을 붙이면 반대니까 True가 됩니다.

17. bool

논리 연산자

```
dog = True   # 개를 키우고 있어요.
cat = False  # 고양이 안 키워요.

print ( dog )
print ( cat )
print ( not dog )
print ( dog and cat )
print ( dog or cat )
print ( not dog and cat )
```

```
1  dog = True   # 개를 키우고 있어요.
2  cat = False  # 고양이 안 키워요.
3
4  print ( dog )
5  print ( cat )
6  print ( not dog )
7  print ( dog and cat )
8  print ( dog or cat )
9  print ( not dog and cat )
```

```
True
False
False
False
True
False
```

논리 연산자 and, or, not을 연습해 봅니다.

dog 변수에 True를
cat 변수에 False를 할당했어요.

각각의 bool 값을 출력해보세요.

17. bool

파이썬이 정한 bool 값

앞에서 나온 비교 연산자와 논리 연산자의 경우에는 수학이나 공학에서도 쓰이는 개념들이에요.

그런데, 파이썬이 정한 bool 값이 있어요.
이 경우는 따로 정리해서 기억할 필요가 있어요.

17. bool

파이썬이 정한 True

1. **숫자** : 0 아닌 모든 숫자
2. **문자열** : 비어 있지 않은 모든 문자열
3. **리스트, 튜플, 세트, 딕셔너리** : 비어 있지 않은 모든 데이터 구조

파이썬에서 True로 정한 값이 있습니다.

숫자는 0 아닌 모든 숫자,
문자열은 비어 있지 않은 모든 문자열,
데이터 구조는 비어 있지 않은 모든 데이터 구조를
파이썬이 True로 정해놓았습니다.

17. bool

파이썬이 정한 **False**

1. **숫자** : 0, 0.0
2. **문자열** : 비어 있는 문자열
3. **리스트, 튜플, 세트, 딕셔너리** : 비어 있는 데이터 구조

파이썬이 정한 False 값입니다.

숫자는 0과 0.0,
문자열은 비어 있는 문자열,
비어 있는 데이터 구조들은 모두 False입니다.

이렇게 파이썬이 정한 bool 값들은
조건문 등을 제어하는 데 사용됩니다.

17. bool

파이썬이 정한 bool 값

```
a = 7
b = 0
c = [ 2, 4, 6, 8 ]
d = [ ]

print ( bool (a) )
print ( bool (b) ) #False
print ( bool (c) )
print ( bool (d) ) #False
```

```
1  a = 7
2  b = 0
3  c = [ 2, 4, 6, 8 ]
4  d = [ ]
5  print ( bool (a) )
6  print ( bool (b) ) #False
7  print ( bool (c) )
8  print ( bool (d) ) #False
```

True
False
True
False

파이썬이 정한 bool 값 연습입니다.

변수 a는 0이 아닌 숫자이므로 True,
변수 b는 0이므로 False,
변수 c는 비어 있지 않은 리스트이므로 True,
변수 d는 비어 있으므로 False입니다.

17. bool

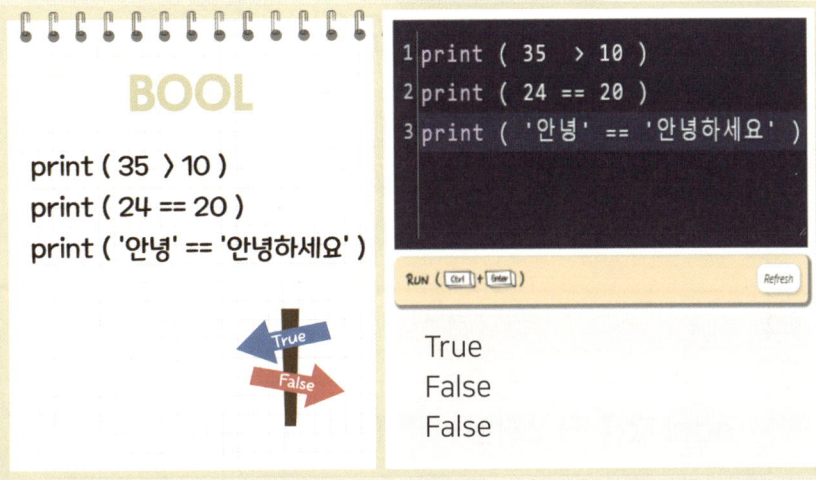

bool 값을 얻기 위해서
위와 같이 print ( ) 안에
바로 연산자 기호들을 넣어서 사용해도 됩니다.

pyrun.kr을 열고 비교 연산자와 논리 연산자들을
바꾸어보면서 연습해 보세요.

17. bool

핵심 요약

파이썬의 데이터 타입
- 숫자
- 문자열
- bool

bool 값은 딱 2개뿐! True / False

비교 연산자

연산자	의미
==	같다
!=	같지않다
<	작다
>	크다
<=	작거나 같다
>=	크거나 같다
in	있다
not in	없다

True / False

17. bool

논리 연산자

and
or
not

파이썬이 정한 bool 값

True - 0과 0.0 아닌 모든 숫자
      - 비어 있지 않은 문자열
      - 비어 있지 않은
        리스트, 튜플, 세트, 딕셔너리

False - 숫자 0, 0.0
      - 비어 있는 문자열,
      - 비어 있는
        리스트, 튜플, 세트, 딕셔너리

17. bool

코드 실습

pyrun.kr에서 다음을 각각 입력하고 실행해 보세요.

입력

```
print ( 11 == 22 )
print ( 11 < 22 )
print ( 11 > 22 )
print ( 11 != 22 )
```

입력

```
a = 9
b = 11
print ( a < b )
print ( a <= b )
print ( a != b )
```

```
1 print ( 11 == 22 )
2 print ( 11 < 22 )
3 print ( 11 > 22 )
4 print ( 11 != 22 )
```
RUN (Ctrl + Enter)   Refresh

False
True
False
True

```
1 a = 9
2 b = 11
3 print ( a < b )
4 print ( a <= b )
5 print ( a != b )
```
RUN (Ctrl + Enter)   Refresh

True
True
True

파이썬 연습장
pyrun.kr

17. bool

입력

```
print ('a' in 'happy' )
print ('b' in 'happy' )
print ( 'c' not in 'happy' )

print ( '7' in '02468' )
print ( '02' in '02468' )
print ( '248' in '02468' )
```

입력

```
a = 0.0
print ( bool ( a ) )

b = [ ]
print ( bool ( b ) )

c = { }
print ( bool ( c ) )
```

```
1 print('a' in 'happy')
2 print('b' in 'happy')
3 print('c' not in 'happy')
4
5 print ( '7' in '02468' )
6 print ( '02' in '02468' )
7 print ( '248' in '02468' )
```

True
False
True
False
True
True

```
1 a = 0.0
2 print ( bool ( a ) )
3
4 b = [ ]
5 print ( bool ( b ) )
6
7 c = { }
8 print ( bool ( c ) )
```

False
False
False

파이썬 연습장
pyrun.kr

17. bool

퀴즈

1. 다음 중 결과값이 True인 것을 고르세요.
   ① not True
   ② False or False
   ③ True or False
   ④ True and False

2. 다음을 실행하면 출력 결과는 무엇일까요?
   ```
   print ( 5 == 3 )
   print ( 5 != 3 )
   ```
   ① False　　② False　　③ True　　④ True
   　 True　　 　False　　 True　　 False

3. 다음 중 결과값이 True인 것을 고르세요.
   ① 'dog' in ['Cat', 'Dog']　② 43 in (38, 47, 59)
   ③ 1 in range (10)　④ 3 not in (3, 5, 7, 9)

4. 다음 코드의 실행 결과는 무엇일까요?
   ```
   print ( 'a' not in [ 1, 2, 3 ] )
   ```
   ① 0　　② True　　③ 1　　④ False

답　1.③　2.①　3.③　4.②

17. bool

미션

징검다리를 튼튼하게 만들어요.

물살이 센 강물 한가운데 고양이가 어쩔줄 몰라 하네요.
고양이는 True인 돌만 골라서 건너오겠다고 해요.

다음 돌의 bool 값을 모두 True로 만들어서
고양이가 물에 빠지지 않고 건너올 수 있도록 해 주세요.

```
print ( bool ( 3 [  ] 5 ) )
print ( bool ( [  ] False ) )
print ( bool ( True [  ] False ) )
```

정답은 p. 318에 있어요.

18. 내장함수

18. 내장함수

내장함수
built-in function

파이썬에서 내장함수란 무엇이고
어떤 역할을 할까요?

내장 함수는 프로그래밍을 쉽게 하기 위해
파이썬 언어에 기본적으로 포함된 함수들입니다.

예를 들어 설명해 봅니다.

18. 내장함수

집의 모양은 다 달라도

여러 형태의 집이 있어요. 집의 모양은 다 달라도

 수도, 전기, 보일러는 다 있어야죠.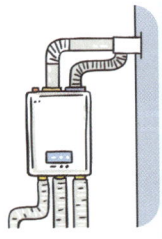

집 안에는 공통적으로 꼭 필요한 기능들이 있어요.

18. 내장함수

마찬가지로,

프로그래밍도 종류가 많지만

마찬가지로, 프로그래밍도 종류가 많지만

공통적으로 필요하고
많이 쓰이는
기능들이 있어요.

공통적으로 필요하고 많이 쓰이는 기능들이 있어요.

18. 내장함수

파이썬에서도

어떤 사람이 프로그래밍을 하던지
공통적으로 많이 하는,

그리고 꼭 필요한
작업들을

파이썬이

함수로 미리 만들어서
제공

18. 내장함수

내장함수

파이썬이 **자체적으로** 제공하는 함수

즉, 내장함수는 프로그래밍의 편의를 위해
파이썬이 자체적으로 제공하는 함수입니다.

그럼, 자체적으로 제공하지 않는 함수도 있나요?
네. 그렇습니다.
제공하지 않는 함수는 직접 만들어써야 하는데,
〈26장. 함수〉편에서 자세히 다룹니다.

18. 내장함수

예를 들어,

print ( )

괄호안의 값을 화면에 보여달라는 의미

많이 쓰이는 내장함수들을 살펴봅니다.

1권 1장에서, 화면에 결과값을 보여달라는
print ( )를 배웠는데, 이것이 내장함수입니다.

내장함수에서 이름 뒤에 붙은 괄호( )는
함수가 실행되기 위해 필요한 값을 넣거나
함수를 불러 일을 시키기 위함입니다.

18. 내장함수

list ( )
괄호안의 값을 리스트 형태로 바꿔줘요.

bool ( )
괄호안의 데이터 값을 bool로 알려줍니다.

range ( )
괄호 안의 값만큼 반복하거나
정한 범위의 값을 보여줍니다.

괄호 안의 값을 리스트 형태로 바꾸는 list ( )
괄호 안 데이터의 Bool 값을 알려주는 bool ( )
괄호 안의 값만큼 반복하거나 정한 범위의 값을
생성하는 range ( )

앞에서 잠깐씩 배운 위의 코드들이
파이썬에서 자주 쓰이는 내장함수였어요.

18. 내장함수

str ( )
str은 string을 의미. 숫자를 문자열로 바꿔줘요.

int ( )
int는 integer를 의미. 문자열인 숫자를 숫자형으로 바꿔줘요.

type ( )
데이터 형태, 구조를 알려줘요.

좀 더 알아볼까요?

숫자를 문자열로 바꿔주는 str ( ),
문자열인 숫자를 숫자형으로 바꿔달라는 int ( ),
위는 각각 string, integer의 줄임말입니다.

그리고 type ( )는 데이터의 형태를 알려줍니다.

18. 내장함수

len ( )
len은 length의 줄임말. 요소가 몇 개인지 개수를 알려줘요.

max ( )
괄호 안의 값 중 최대값을 찾아줘요. (알파벳이면 가장 뒤)

min ( )
괄호 안의 값 중 최소값을 찾아줘요. (알파벳이면 가장 앞)

len ( )은 length길이의 줄임말로,
요소의 개수를 알려줍니다.
( ) 안에 문자열이 있으면 그게 몇 자인지,
리스트, 튜플이 있으면 요소가 몇 개인지 출력해 줘요.

제일 큰 값을 찾아주는 max ( )는
알파벳이면 가장 뒤 순서의 값을 찾아주고,
반대로 min ( ) 함수는 가장 작은 값을,
알파벳이면 가장 앞 쪽에 위치할 값을 찾아줍니다.

18. 내장함수

sorted ( )

정렬해줘요. (작은 수 -> 큰수, a->z, 가->하)

sum ( )

모든 수를 더해줘요.

input ( )

사용자에게 물어봐서 정보를 받아요.

sorted ( )는 순서대로 정렬해 주는 함수이고
sum ( )은 합계를 출력해 줘요.

정렬해 주는 .sort( )를 1권에서 배웠어요.
sort는 리스트 변수와 같이 쓰이는 함수라서
리스트에만 사용하고 sorted ( )는 그렇지 않습니다.
(자세한 것은 〈26장. 함수〉 편에서 다시 다룹니다.)

input( )은 바로 다음 〈19장. input( )〉에서 다룹니다.

18. 내장함수

이 외에도, 파이썬이 제공하는
내장함수는 많습니다.

그러면,
내장함수를 다 외워야할까요?

활용빈도 높은 몇 개만 기억하고
필요할 때마다 그때그때
구글링 하세요.

18. 내장함수

```
a = 359
print ( type ( a ) ) # 데이터 타입

b = str ( a ) # 문자열로
print ( b )
print ( type ( b ) ) # 데이터 타입

c = int ( b ) # 숫자형으로
print ( c )
```

```
1  a = 359
2  print ( type ( a ) )  # 데이터 타입
3
4  b = str (a)   # 문자열로
5  print ( b )
6  print ( type ( b ) ) # 데이터 타입
7
8  c = int ( b ) # 숫자형으로
9  print ( c )
```

RUN (Ctrl + Enter) Refresh

<class 'int'>
359
<class 'str'>
359

내장함수를 연습해 봅니다.

숫자 359를 문자열로 바꾸려면 str ( ),
문자열인 359를 다시 숫자로 바꾸려면 int ( ),
type ( )은 데이터 타입을 알려줍니다.

18. 내장함수

```
d = [ 8, 3, 5, 9 ]

print ( type (d) )    # 데이터 타입
print ( len (d) )     # 항목이 몇 개?
print ( max (d) )     # 최대값
print ( min (d) )     # 최소값
print ( sorted (d) )  # 정렬
print ( sum (d) )     # 모두 더해줌
```

```
1  d = [ 8, 3, 5, 9 ]
2  print ( type (d) )    # 데이터 타입
3  print ( len (d) )     # 항목이 몇 개?
4  print ( max (d) )     # 최대값
5  print ( min (d) )     # 최소값
6  print ( sorted (d) )  # 정렬
7  print ( sum (d) )     # 모두 더해줌
```

```
<class 'list'>
4
9
3
[3, 5, 8, 9]
25
```

리스트를 할당한 변수 d의
데이터 타입을 알기 위해서는 type ( )
요소 갯수를 알기 위해서는 len ( )
최대값과 최소값은 각각 max ( ), min ( )
정렬은 sorted ( )
합계는 sum ( )을 사용합니다.

18. 내장함수

핵심 요약

내장함수란? 파이썬이 자체적으로 제공하는 함수

〈자주 사용되는 내장함수들〉

print ( )   len ( )
list ( )   max ( )
bool ( )   min ( )
range ( )   sorted ( )
str ( )   sum ( )
int ( )   input ( )
type ( )

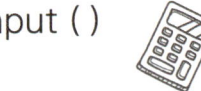

(내장함수 외우지 마세요)
- 내장함수는 활용빈도 높은 몇 개만 기억하고,
  필요할 때마다 그때그때 구글링 하세요.

18. 내장함수

코드 실습

pyrun.kr에서 다음을 각각 입력하고 실행해 보세요.

입력

```
a = 369
b = str(a) #문자열로
print(type(a))
print(type(b))
```

```
1 a = 369
2 b = str (a) #문자열로
3 print ( type ( a ) )
4 print ( type ( b ) )
```
RUN (Ctrl + Enter) Refresh

<class 'int'>
<class 'str'>

입력

```
c = '369'
d = int(c) #정수형으로
e = float(c) #실수형으로
print(type(d))
print(type(e))
```

```
1 c = '369'
2 d = int ( c ) #정수형으로
3 e = float ( c ) #실수형으로
4 print ( type ( d ) )
5 print ( type ( e ) )
```
RUN (Ctrl + Enter) Refresh

<class 'int'>
<class 'float'>

파이썬 연습장
pyrun.kr

18. 내장함수

입력

```
a = '3579117'
b = [ 3, 5, 7, 9, 117 ]

print ( len ( a ) )
print ( len ( b ) )
```

입력

```
a = 'beautiful'
print ( type ( a ) )
print ( len ( a ) )
print ( max ( a ) )
print ( min ( a ) )
print ( sorted ( a ) )
```

```
1  a = '3579117'
2  b = [ 3,5,7,9,117 ]
3
4  print ( len ( a ) )
5  print ( len ( b ) )
```

7
5

```
1  a = 'beautiful'
2  print ( type ( a ) )
3  print ( len ( a ) )
4  print ( max ( a ) )
5  print ( min ( a ) )
6  print ( sorted ( a ) )
```

<class 'str'>
9
u
a
['a', 'b', 'e', 'f', 'i', 'l', 't', 'u', 'u']

파이썬 연습장
pyrun.kr

퀴즈

1. 자료형을 알아내는 함수는 무엇일까요?
   ① type ( )   ② int ( )   ③ str ( )   ④ print ( )

2. 다음 중 파이썬이 제공하는 내장함수가 아닌 것은?
   ① print ( )   ② input ( )
   ③ sorted ( )   ④ plus ( )

3. 다음 코드의 결과는 무엇일까요?
   ```
   x = "My name is Sam."
   print ( len ( x ) )
   ```
   ① 15   ② 12   ③ 4   ④ 2

4. a의 자료형은 무엇일까요?
   ```
   a = 0
   a = float ( a )
   print ( type ( a ) )
   ```
   ① integer   ② float   ③ string   ④ BOOL

답   1.① 2.④ 3.① 4.②

18. 내장함수

미션 ①

내장함수 퍼즐

가로 세로 힌트를 참고해서 빈 칸을 알파벳으로 채워 보세요.

18. 내장함수

가로 열쇠

1. 화면에 어떤 결과를 출력하는 내장함수
2. 정수형을 만드는 내장함수
3. 어떤 특정한 항목의 개수를 세는 내장함수
4. 수의 총 합을 구하는 내장함수
5. 요소 혹은 항목이 모두 몇 개인지 알려주는 내장함수
6. ____ (x, y)일 경우, x부터 y 바로 전까지 정수를 만드는 내장함수
7. 데이터 종류 혹은 데이터 구조가 뭔지 알려주는 함수

세로 열쇠

4. 세트(set)를 만드는 내장함수
5. 리스트(list)를 만드는 내장함수
6. 실수형으로 만드는 내장함수
7. 요소 중 가장 큰 수를 구하는 내장함수
8. 사용자에게 입력을 받는 내장함수
9. 요소 중 가장 작은 수를 구하는 내장함수

정답은 p. 319에 있어요.

18. 내장함수

미션 ②

\# 자, 먹고 싶은 음식 다 담아 ~

리스트로 음식을 담은 후에
len ( )으로 내가 담은 음식의 개수를 확인하세요.

정답은 p. 320에 있어요.

18. 내장함수

미션 ③

다이어트 진행 중

이번주 매일 윗몸일으키기 운동을 하고 있어요.
39, 49, 20, 33, 40, 56, 13
위 숫자는 이번 주 요일별 윗몸일으키기 개수입니다.

- ☑ sit_up 이란 변수를 선언하고 위의 윗몸일으키기 개수를 리스트로 할당해서 출력해 보세요.
- ☑ 가장 작은 수는 몇인지 출력해보세요.
- ☑ 가장 큰 수는 몇인지 출력해보세요.
- ☑ 정렬을 해보세요.
- ☑ 총 개수를 더해보세요.

정답은 p. 321에 있어요.

19.

input ( )

19. input ( )

input ( )

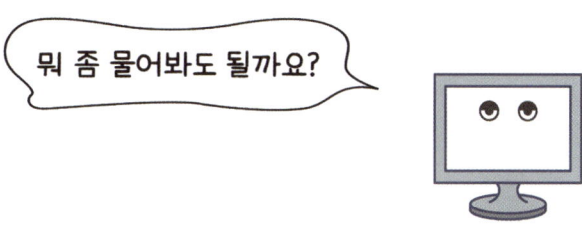

뭐 좀 물어봐도 될까요?

<18장. 내장함수> 편에서 나온 input ( )을
더 자세히 살펴봅니다.

프로그래밍할 때 어떤 것은
사용자가 정보를 직접 알려줘야 하는 것들이 있어요.

즉, 사람이 알려줘야 다음 작업을 할 수 있다는 건데,
그런 것에는 뭐가 있을까요?

19. input ( )

예를 들어, 로그인할 때 아이디와 비밀번호를 보면,
내가 로그인하려고 하면
컴퓨터가 나의 아이디와 비밀번호를 물어보고,
그걸 입력해주어야 컴퓨터가 다음 작업을 하겠죠?

그리고 쿠폰이 있는지를 묻고
쿠폰이 있으면 다음으로 진행됩니다.

19. input ( )

이렇게 사용자의 정보를 물을 때 쓰는 함수가 있어요.

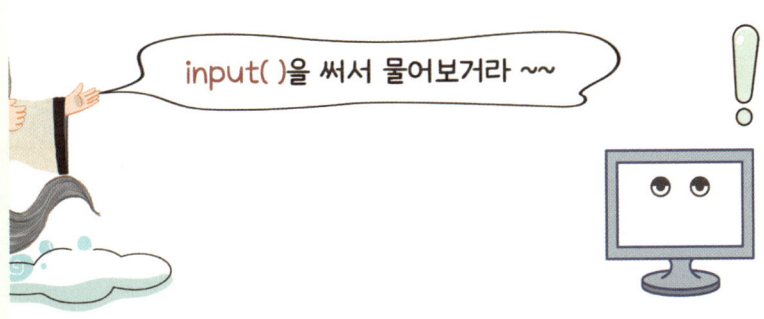

바로 input( )입니다.

19. input ( )

이렇게 input ( )을 써서
사용자에게 필요한 정보를 물을 수 있습니다.

input ( )으로 묻고
사용자의 정보를 받아서 출력해 주는 과정을
파이런에서 실습해 볼게요.

19. input ( )

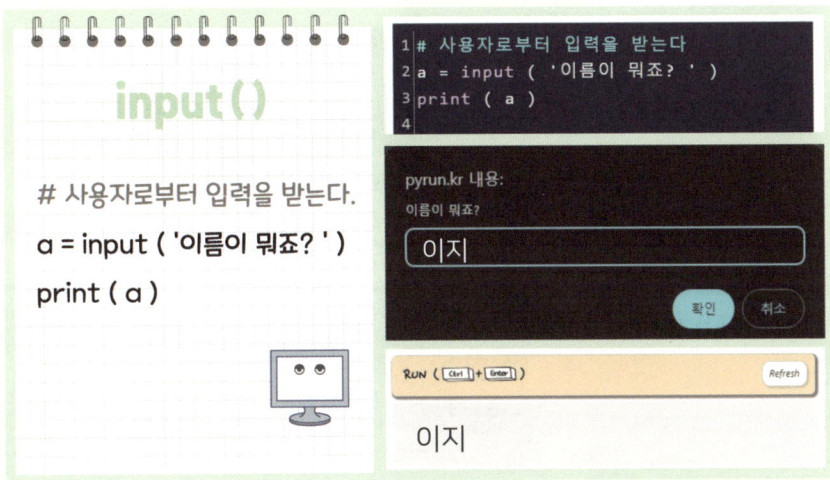

input ( )에 사용자한테 물어보는 말을 직접 넣고
실행 버튼 Run을 누르면
위와 같이 대답을 입력받을 대화상자가 뜹니다.

여기에 사용자가 답을 하고 확인 버튼을 누르면
사용자가 적은 답이 출력창에 출력됩니다.

여기서는 '이름이 뭐죠?'에 대한 답으로
'이지'를 적어봤어요.

19. input ( )

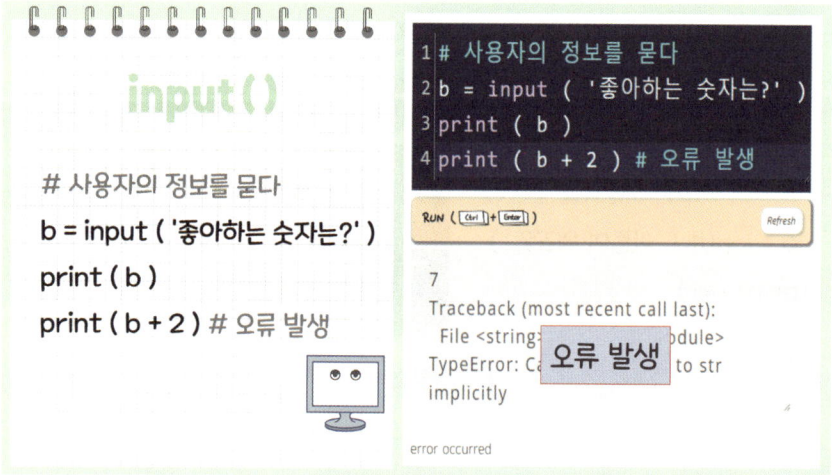

이번에는 사용자로부터 숫자를 받아봅니다.

input ( )으로 숫자를 물어보면 7을 입력하고
거기에 더하기 2를 했더니 오류가 발생했습니다.

왜 그럴까요?
input ( )으로 물어서 숫자로 답을 해도
데이터 타입은 숫자가 아닌 문자열입니다.

19. input ( )

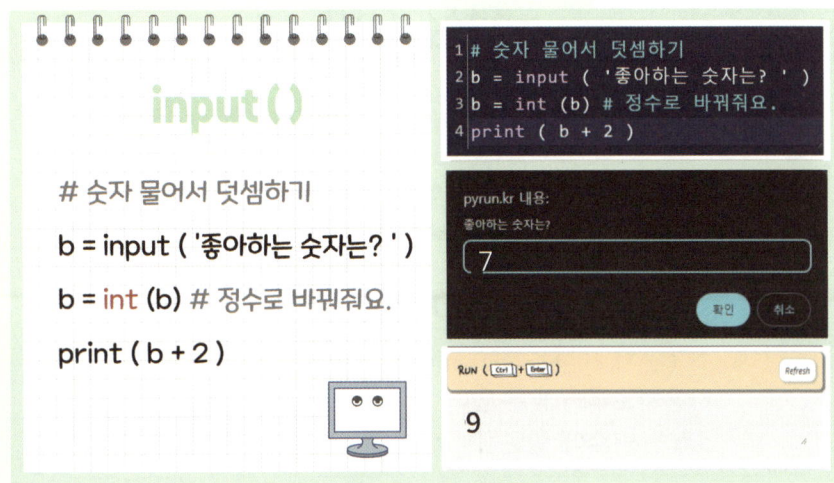

input ( )으로 받은 숫자를
문자열형으로 두지 않고 정수형으로 바꾸어 주려면
int ( )로 감싸줍니다.
int는 integer의 줄임말입니다.

int (input ( ))로 한 번에
응답 받은 숫자를 바로 정수형으로 바꿀 수도 있어요.

19. input ( )

핵심 요약

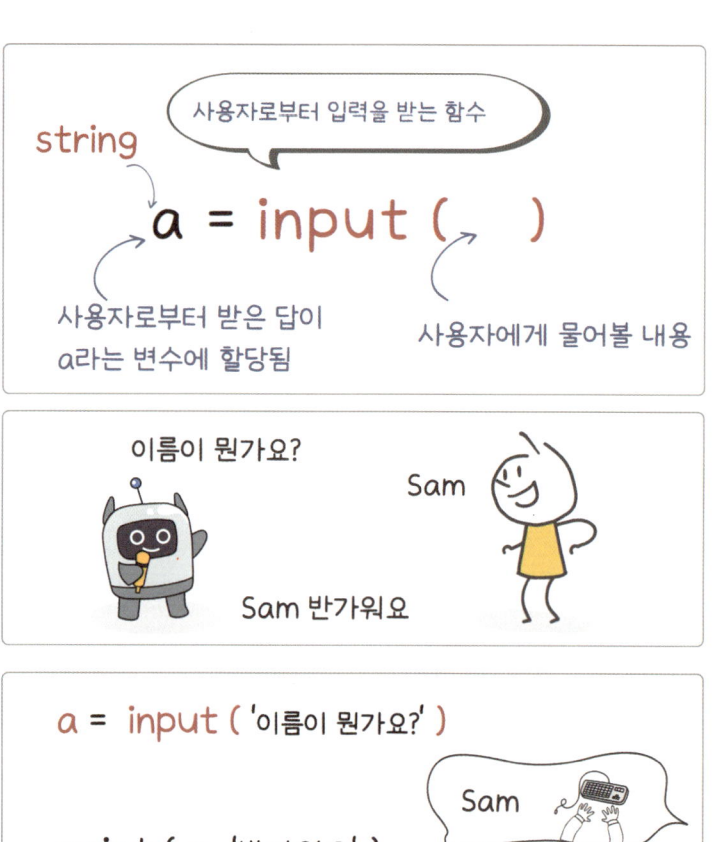

19. input ( )

코드 실습

pyrun.kr에서 다음을 각각 입력하고 실행해 보세요.

입력

```
a = input ( '이름이 뭐죠?' )
print ( a )
```

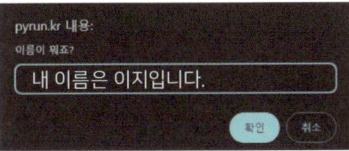

input ( )문을 실행하면 화면에 대화창이 팝업으로 나타납니다. 여기에 대답을 입력하고 확인을 누르세요.

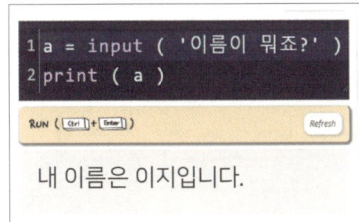

입력

```
b = input ( '점수는?' )
print ( b + 2 )
```

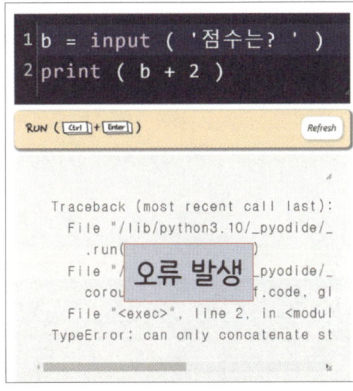

input ( )으로 받은 숫자는 문자열형입니다. 문자열형에 숫자를 더하게 되어 오류가 생깁니다.

파이썬 연습장
pyrun.kr

19. input ( )

입력

b = int (input ('좋아하는 숫자는? ')) # 7 입력
print (b + 2)

```
1 b = int ( input ( '좋아하는 숫자는?' ) )
2 print ( b + 2 )
```

RUN (Ctrl + Enter)

9

입력

a = input ('당신이 가장 좋아하는 색깔은?') # 하늘
print ('나는', a, '색을 가장 좋아합니다.')

```
1  a = input ( '당신이 가장 좋아하는 색깔은?' )
2  print ( '나는', a, '색을 가장 좋아합니다.' )
```

RUN (Ctrl + Enter)

나는 하늘 색을 가장 좋아합니다.

파이썬 연습장
pyrun.kr

19. input ( )

퀴즈

1. 다음 코드의 실행 결과는 무엇일까요?
   ```
   a = input ( '숫자 70을 입력해주세요.' )
   b = input ( '숫자 7을 입력해주세요.' )
   print ( a - b )
   ```
   ① 70   ② 7   ③ 63   ④ 오류가 발생한다

2. 더하기를 할 때 다음 빈칸에 어떤 코드를 넣어야 할까요?
   ```
   a = ____ ( input ( '숫자 3을 입력해주세요.' ) )
   b = ____ ( input ( '숫자 7을 입력해주세요.' ) )
   print ( a + b )
   ```
   ① sum   ② input   ③ int   ④ str

3. 다음 코드의 실행 결과는 무엇일까요?
   ```
   a = input ( '성은 무엇인가요?' )    # 김
   b = input ( '이름은 무엇인가요?' )  # 수지
   print ( a + b )
   ```
   ① 김수지   ② 김 수지   ③ a+b   ④ 오류가 발생한다

답   1.④ 2.③ 3.①

19. input ( )

미션 ①

나는 누구? 여긴 어디?

이 공룡은 누구이고, 어디서 왔을까요?
input( )을 사용해서 물어보세요.
또, 여러분이 이 공룡이라고 생각하고
상상력을 발휘해서 답도 해보세요.
그리고 그 과정을 모두 출력해 보세요.

정답은 p. 322에 있어요.

19. input ( )

미션 ②

궁금한게 많아요.

거울아 거울아 ~
이 세상에서 누가 제일 ..... 하니?

input ( )으로 **"누가 제일 ...하니?"**를
묻는 코드를 만들어보세요.

그리고 대답해보고
출력도 해보세요.

정답은 p. 323에 있어요.

미션 ③

누구신지 압니다.

내가 누군지
맞춰보거라~

input( )을 이용해서 성을 물어보세요.

input( )을 이용해서 이름을 물어보세요.

그런 다음 성과 이름을 같이 출력해보세요.

정답은 p. 324에 있어요.

19. input ( )

미션 ④

멍멍아, 간식은 충분하니?

input ( )을 사용해 뼈다귀 개수를 물어보세요.
input ( )을 사용해 고구마 개수도 물어보세요.
그런 다음, 두 숫자를 더해서 출력해보세요.

정답은 p. 325에 있어요.

20. 조건문

20. 조건문

조건문

조건에 따라 코드를 실행**하거나** 혹은 **안 하거나**

이렇게 할까　　저렇게 할까

파이썬 프로그래밍에서 조건문이란

말 그대로 어떤 조건에 의해
코드를 실행하거나 안하거나
각기 다른 코드를 실행하는 것을 말합니다.

20. 조건문

오늘은 엄청 더운 날~

만약 30도 미만이면 일하러 가고
그렇지 않고 만약 35도 미만이면 잠자리 잡으러 가고
다 아니면 선풍기 앞에 있을래요.

여기 어떤 농부가 있어요.
밭에 일하러 가야하는데 너무 더운 날이군요.
그래서 생각했어요.
'만약 30도 미만이면 밭에 일하러 가야지.
그리고 35도가 안 넘으면, 즉 30~35도 미만이면
잠자리 잡으러 가야지. (일 안하고)
그런데 35도 이상이면 (너무 더우니까)
그냥 선풍기 앞에 있어야지.'

20. 조건문

만약 30도 미만이면

일하러 가고

20. 조건문

그렇지 않고 만약 35도 미만이면

잠자리 잡으러 가고

20. 조건문

다 아니면

선풍기 앞에 있을래요.

20. 조건문

이제 파이썬 코드로
만들어봐요

1번

만약

30도 미만이면

일하러 가자

첫 번째 조건입니다.

20. 조건문

만약 . . .   if :

⟨만약⟩은 ⟨if⟩입니다. 문장 끝의 콜론(:)에 주의하세요.

30도 미만이면. . .   temp < 30

온도는 영어로 temperature이죠
줄여서 temp를 변수이름으로 ~

변수 temp에 '30도 미만이면'을 temp < 30으로 표현합니다. bool의 비교 연산자를 사용했어요.

20. 조건문

일하러 가자

print ("일하러 가자")

이 조건 밑에 '일하러 가자'를 출력하는 코드를 적습니다.

만약
30도 미만이면
일하러 가고

if temp < 30 :
    print ("일하러 가자")

1번 조건의 코드를 모아보면 위와 같습니다.

20. 조건문

2번

그렇지 않고 만약
35도 미만이면
잠자리 잡으러 가자

두 번째 조건입니다.

그렇지 않고 만약...   elif   :

첫 번째 조건이 아닌 다른 조건에는 if가 아닌 elif를 써요.

20. 조건문

35도 미만이면

temp < 35

1번 조건이 아닌, 다른 조건입니다. 35도 미만이면

잠자리 잡으러 가자

print ("잠자리 잡으러 가자")

일하지 않고, 잠자리를 잡으러 갈 겁니다.

20. 조건문

그렇지 않고 만약
35도 미만이면
잠자리 잡으러 가자

elif temp < 35 :
    print ("잠자리 잡으러 가자")

두 번째 조건의 코드를 합쳐봅니다.

1번 조건이 30도 미만이어서
여기 2번의 35도 미만 조건은
temp < 35라고 표현해도
실제로는 30도 이상 35도 미만의 온도를 의미합니다.

if 대신 elif를 사용한 것에 주의하고
문장 맨 끝의 콜론(:)도 잊지 마세요.

20. 조건문

3번

모두 다 아니면
선풍기 앞에 있을래요

마지막 조건입니다.

모두 다 아니면, 즉
30도 미만도 아니고 35도 미만도 아니라면,
그러면 어떤 상황일까요?
35도 이상인 아주 더운 날이겠네요.

1번 2번 조건이 모두 아닌, 35도 이상인 아주 더운 날엔
농부는 선풍기 앞에 있을 예정입니다.

20. 조건문

모두 다 아니면   else :

조건문에서
if와 elif의 모든 조건들이 아니라면
else : 를 씁니다.

else는 if나 elif와 다르게 구체적인 조건식 없이
그냥 else : 로 씁니다.

〈if와 elif의 조건들이 아니면 무조건〉의 의미입니다.

20. 조건문

선풍기 앞에 있을래요

print("선풍기앞에있을래요")

모두 다 아니면
선풍기 앞에 있을래요

else :
　print("선풍기앞에있을래요")

3번 조건, 마지막 조건의 코드를 합쳐봅니다.

20. 조건문

이제 코드를 다 합쳐볼게요

이번에는 1, 2, 3번 조건의 코드를 다 합쳐 봅니다.

```
temp = ?

if temp < 30 :
    print ( "일하러 가자" )
elif temp < 35 :
    print ( "잠자리 잡으러 가자" )
else :
    print ( "선풍기 앞에 있을래요" )
```

전체 코드는 위와 같아요. temp에 온도를 적어 주세요.

20. 조건문

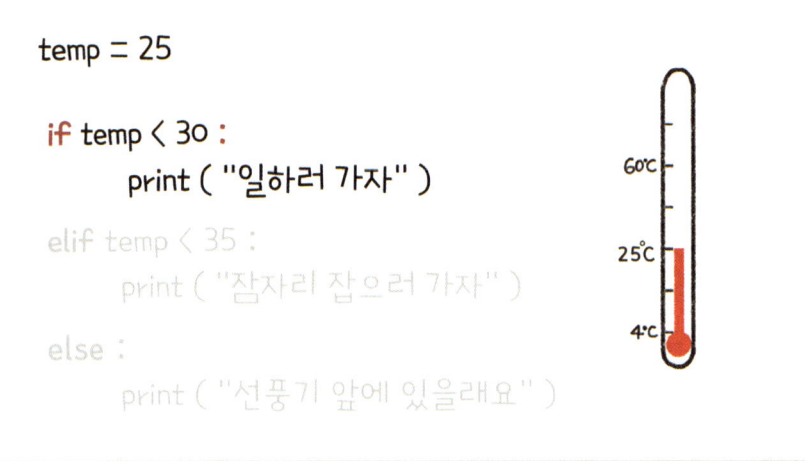

```
temp = 25

if temp < 30 :
    print ( "일하러 가자" )
elif temp < 35 :
    print ( "잠자러 잡으러 가자" )
else :
    print ( "선풍기 앞에 있을래요" )
```

temp에 25를 입력합니다.

온도가 25도라면 temp < 30 부분이 True가 되어
첫 번째 조건이 성립합니다.

이 경우, 뒤의 이후 조건들은 무시되고
일하러 가자가 출력됩니다.

20. 조건문

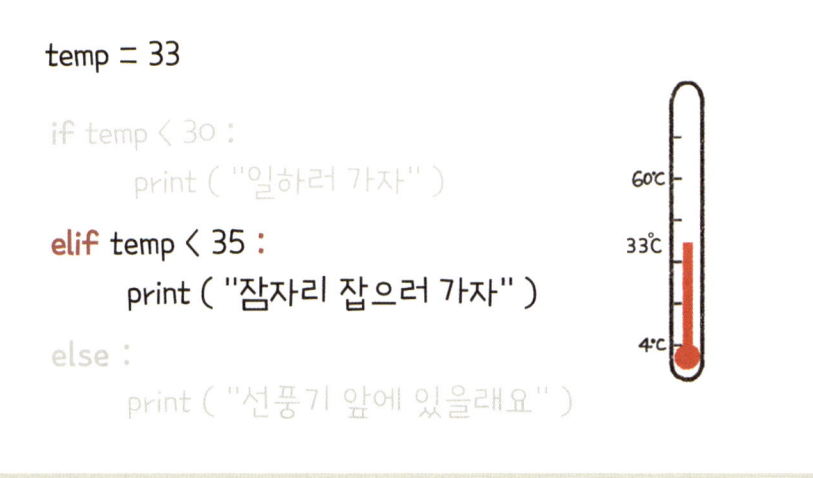

```
temp = 33

if temp < 30 :
    print ( "일하러 가자" )
elif temp < 35 :
    print ( "잠자리 잡으러 가자" )
else :
    print ( "선풍기 앞에 있을래요" )
```

temp에 33을 입력합니다.

온도가 33도면 첫 번째 temp < 30은 False가 되어 첫 번째 조건은 모두 실행되지 않습니다.
다음 조건인 temp < 35 부분이 True가 되어 두 번째 조건을 충족하여
잠자리 잡으러 가자가 출력됩니다.

이 경우, 세 번째 조건은 역시 무시됩니다.

20. 조건문

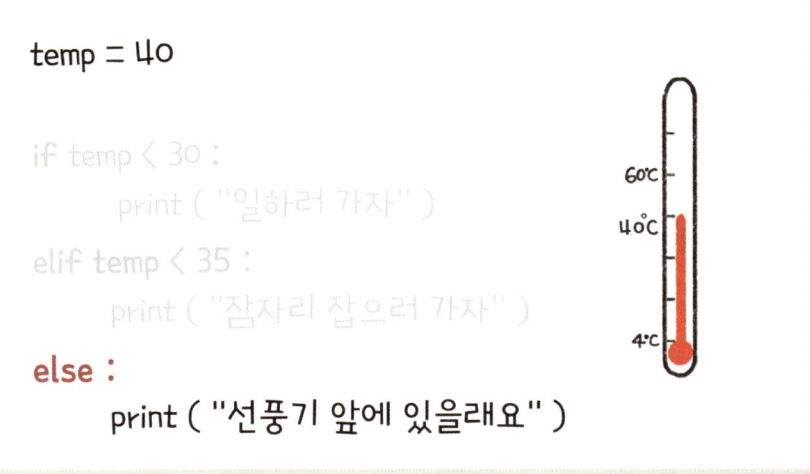

```
temp = 40

if temp < 30 :
    print ( "일하러 가자" )
elif temp < 35 :
    print ( "잠자리 잡으러 가자" )
else :
    print ( "선풍기 앞에 있을래요" )
```

만약 오늘 온도가 40도라면,

첫 번째 조건인 temp < 30은 False가 되어
첫 번째 조건은 실행되지 않습니다.
두 번째 조건인 temp < 35도 False가 되어
두 번째 조건도 실행되지 않습니다.

마지막 조건인 else : 구문이 실행되어
선풍기 앞에 있을래요가 출력됩니다.

20. 조건문

일하러? 잠자리 잡으러?

그거야 조건에 따라
달라지지요 ~

파이썬의 조건문은 이렇게
조건이 True인지 False인지에 따라 실행이 달라지며,

여러 개의 조건으로 하나의 조건문을
만들 수 있습니다.

즉, 조건문은 조건의 값이 True인지 False인지 판단해서
그에 따라 코드가 실행되도록 하는 구문입니다.

20. 조건문

조건문 공식

```
if 조건식 1 :
    명령어 1
elif 조건식 2 :
    명령어 2
else :
    명령어 3
```

조건문을 만드는 공식입니다.

조건문을 구성하는 코드 if, elif, else와 콜론(:)에 유의하세요.

elif는 if 다음의 조건을 만드는 데 사용되며, else는 if와 elif의 모든 조건이 False일때 실행됩니다.

20. 조건문

```
if  조건식 1 :
   명령어 1
elif 조건식 2 :
   명령어 2
else :
   명령어 3
```

들여쓰기   콜론 (:)

조건문을 구성하는 코드 if, elif, else 끝에 있는
콜론(:)을 누락하지 않도록 주의하세요.

문장 끝에 콜론(:)을 입력하고 엔터 키를 치면
다음 줄에서 자동으로 들여쓰기가 됩니다.

if절 밑에 들여쓰기가 된 블럭은 한 몸처럼
같이 실행되거나 같이 실행되지 않거나 합니다.

20. 조건문

```
if 조건식 1 :
    명령어 1
elif 조건식 2 :        bool 값
    명령어 2
else :
    명령어 3
```

if와 elif 뒤에는 bool 값을 묻는 조건식이 들어갑니다.

해당 조건이 성립하는지 아닌지를 판단하기 위해
True 또는 False 값을 물어보는 조건식입니다.

조건식이 True인 곳에서 명령어가 실행되고
조건문이 종료됩니다.

20. 조건문

```
if  조건식 1 :
    명령어 1
elif 조건식 2 :
    명령어 2
elif 조건식 3 :
    명령어 3
elif 조건식 4 :
    명령어 4
else :
    명령어 5
```

조건식이 많으면 elif로 계속 ~~

조건이 많을 경우에는 elif를 많이 쓸 수 있습니다.

조건식이 False이면
계속 다음 조건으로 넘어가고,

조건식이 True이면
해당 명령어가 실행되고 이후 조건들은 무시되며
조건문이 종료됩니다.

20. 조건문

핵심 요약

조건문

지정된 조건이 True인지 False인지 판단하여 그에 따라 코드가 실행되도록 하는 구문

조건문을 만드는 공식

20. 조건문

```
if  조건식 1 :
    명령어 1
elif 조건식 2 :
    명령어 2
else :
    명령어 3
```

bool 값

bool 조건식으로 True / False를 물어요.

조건식이 많으면 elif를 계속 늘여갈 수 있어요.

```
if  조건식 1 :
    명령어 1
elif 조건식 2 :
    명령어 2
elif 조건식 3 :
    명령어 3
elif 조건식 4 :
    명령어 4
else :
    명령어 5
```

중간에 조건식이 True가 되면 거기에서 실행이 멈춤

20. 조건문

코드 실습

입력

```
temp = int ( input ( '오늘 온도는?' ) )    # 29 입력

if temp < 30 :
  print ( "일하러 가자" )
elif temp < 35 :
  print ( "잠자리 잡으러 가자" )
else :
  print ( "선풍기 앞에 있을래요" )
```

```
1  temp = int ( input ( '오늘 온도는?' ) )
2
3  if temp < 30 :
4      print ( "일하러 가자" )
5  elif temp < 35 :
6      print ( "잠자리 잡으러 가자" )
7  else :
8      print ( "선풍기 앞에 있을래요" )
```

RUN (Ctrl + Enter)   Refresh

일하러 가자

퀴즈

1. 조건문의 문법을 만드는 코드로 알맞지 않은 것은?
   ① if   ② elif   ③ else   ④ input

2. 다음 중 조건문에 대한 설명으로 알맞지 않은 것은?
   ① if 조건이 True면 실행되고, False면 실행되지 않는다.
   ② 조건 뒤에 콜론(:)을 붙인다.
   ③ 실행할 명령 앞에는 들여쓰기를 한다.
   ④ 실행할 명령 뒤에도 콜론(:)을 붙인다.

3. 조건문을 시작할 때 사용하는 코드는 무엇일까요?
   ① if   ② elif   ③ else   ④ input

4. 다음 중 조건문이 거짓일 때 실행되는 코드를 작성하기 위해 사용하는 코드는 무엇일까요?
   ① if   ② elif   ③ else   ④ input

답 1.④ 2.④ 3.① 4.③

21. 조건문 연습

21. 조건문 연습

조건문 공식

```
if  조건식 1 :
    명령어 1
elif 조건식 2 :
    명령어 2
else :
    명령어 3
```

앞에서 공부한 조건문을 코드로 연습해 봅니다.

공식을 다시 확인해보세요.
if, elif, else 코드와
조건식 뒤의 콜론(:), 들여쓰기 등에
유의하면서 연습해 볼게요.

21. 조건문 연습

조건문 1

```
score = 50

if score > 60 :
    print ( "합격~" )
else :
    print ( "불합격ㅠ" )
```

```
1 score = 50
2
3 if  score > 60 :
4     print ( "합격~" )
5 else :
6     print ( "불합격ㅠ" )
```

RUN (Ctrl + Enter)　　　　　Refresh

불합격ㅠ

먼저, 조건문 1을 실행해 봅니다.
score에 따라 합격 / 불합격을 알려주는 조건문입니다.

만약 점수가 60점이 넘으면,
if score > 60으로 조건식을 쓰고 콜론(:)을 합니다.
그런 다음 엔터 키를 치면
다음 줄에서 자동으로 들여쓰기가 됩니다.

else : 는 if문의 조건이 False일 때 실행됩니다.

21. 조건문 연습

조건문 2

```
score = input ("당신 점수는?")
score = int (score)

if score > 60 :
    print ("합격~")
else :
    print ("불합격ㅠ")
```

```
1  score = input ( "당신 점수는? ")
2  score = int (score)
3
4  if  score > 60 :
5      print ( "합격~" )
6  else :
7      print ( "불합격ㅠ" )
```

합격~

이번 조건문은 앞의 조건문에 input을 붙인 거에요.

사용자에게 input으로 점수를 물어보고,
그 대답을 score라는 변수에 담습니다.
그리고, int ( )를 사용해 정수형으로 바꾸고
다시 score에 할당했어요.

input ( )에 다양한 점수를 응답하면서
조건문을 실행해 보세요.

21. 조건문 연습

조건문 3

```
cat = 0    # False / 없다
dog = 1    # True / 있다

if cat :
    print ( "고양이 간식을 사자" )
elif dog :
    print ( "강아지 간식을 사자" )
else :
    print ( "아무 것도 사지말자")
```

```
1  cat = 0      # False / 없다
2  dog = 1      # True / 있다
3
4  if cat :
5      print ( "고양이 간식을 사자" )
6  elif dog :
7      print ( "강아지 간식을 사자" )
8  else :
9      print ( "아무 것도 사지말자")
```

강아지 간식을 사자

이번에는 다른 표현이에요.
파이썬에서 있다/없다를 1/0으로 표현하기도 해요.
if cat : 하면 cat이 0, 즉, False니까
처음 조건식은 성립하지 않고, 실행되지 않습니다.

두 번째 조건식, 그렇지 않으면 elif dog : 은
dog이 위에서 1, 즉 True니까 조건식이 성립하고
print ("강아지 간식을 사자")가 실행됩니다.
그러고나면, 마지막 else : 는 실행되지 않고 끝납니다.

21. 조건문 연습

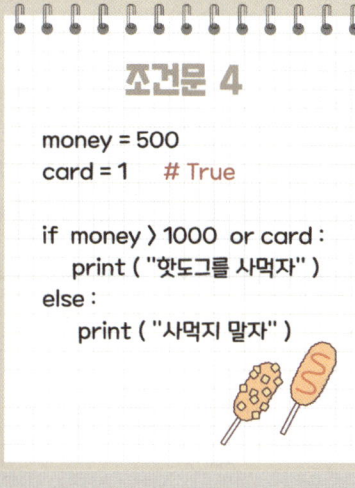

이번에는 조건식 부분이 좀 더 복잡해 보입니다.

조건식에서,
card = 1은 파이썬이 정한 bool 값이 True이니
money > 1000 or card는
True or True가 됩니다.

그래서 "핫도그를 사먹자"가 출력되고
이후 조건들을 실행되지 않고 조건문이 끝납니다.

21. 조건문 연습

조건문 5

```
bag = [ 'coin', 'pen', 'coupon' ]

if 'money' in bag :
    print ( '버스 타자' )
else :
    print ( '걸어가자' )
```

```
1  bag = ['coin','pen','coupon']
2
3  if 'money' in bag :
4       print ( '버스 타자' )
5  else :
6       print ( '걸어가자' )
```

RUN [Ctrl]+[Enter]   Refresh

걸어가자

이번에는 어떤 요소가 있는지/없는지
체크하는 조건문입니다.

그리고, 'money'라는 요소가
bag이라는 리스트에 있는지 체크합니다.

'money'라는 요소가 리스트 bag에 없으므로,
if 조건식이 False가 되고,
else의 '걸어가자'가 출력되었어요.

21. 조건문 연습

조건문 6

```
bag = [ 'coin', 'pen', 'coupon' ]
card = 0        # False

if 'money' in bag :
    print ( '택시 타자' )
elif  card :
    print ( '버스 타자' )
else :
    print ( '다른 걸 타자' )
```

```
1  bag = [ 'coin', 'pen', 'coupon' ]
2  card = 0        # False
3
4  if 'money' in bag :
5      print ( '택시 타자' )
6  elif  card :
7      print ( '버스 타자' )
8  else :
9      print ('다른 걸 타자')
```

다른 걸 타자

이번에는 첫 번째 조건으로
'money'가 bag 변수 안에 있는지 묻고 있어요.
'money'가 bag에 없으니까 if 문은 실행되지 않고,
다음 조건으로 넘어갑니다.

두 번째 조건식 card : 는 값이 0이라 False입니다.
숫자 0은 파이썬이 False로 간주합니다.
그러면, else로 넘어가서 '다른 걸 타자'가 출력되고
조건문은 끝납니다.

21. 조건문 연습

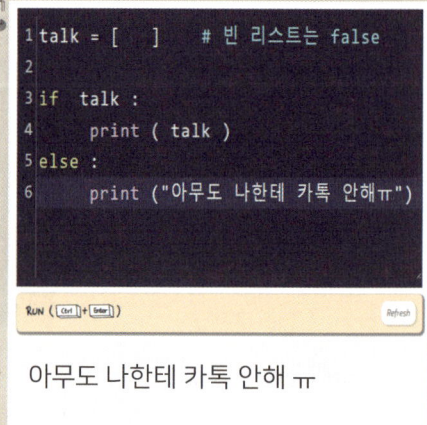

이번 조건문에는 변수에 빈 리스트가 할당되었네요.

빈 문자열, 빈 리스트, 빈 튜플, 0 등은
모두 bool 값이 False입니다.

if talk 조건식은 그래서 bool 값이 False가 되서
이 부분은 실행이 안됩니다.
그래서 else 부분이 실행되어서
"아무도 나한테 카톡 안해ㅠ"가 출력됩니다.

21. 조건문 연습

조건문 8

```
button = 3

if button == 1 :
    print('콜라가 나오는 중입니다.')
elif button == 2 :
    print('사이다가 나오는 중입니다.')
elif button == 3 :
    print('환타가 나오는 중입니다.')
else :
    print('잘못 누르셨습니다.')
```

```
1  button = 3
2
3  if button == 1 :
4      print('콜라가 나오는 중입니다.')
5  elif button == 2 :
6      print('사이다가 나오는 중입니다.')
7  elif button == 3 :
8      print('환타가 나오는 중입니다.')
9  else :
10     print('잘못 누르셨습니다.')
```

환타가 나오는 중입니다.

마지막 유형의 조건문입니다.
조건이 많을 때의 elif 활용입니다.

앞에서 나왔던 조건문이랑 같은데,
여기는 elif가 더 있어요.
조건이 많으면 elif를 많이 사용해도 됩니다.

button 변수에 숫자를 바꿔가면서 실행해 보세요.

21. 조건문 연습

코드 실습

pyrun.kr에서 다음을 각각 입력하고 실행해 보세요.

입력
```
age = 15

if age > 20:
    print ( "입장 가능" )
else:
    print ( "입장 불가" )
```

입력
```
age = input ( "나이는?" )
age = int (age)  # 23 입력

if age > 20 :
    print ( "입장 가능" )
else :
    print ( "입장 불가" )
```

```
1  age = 15
2
3  if age > 20:
4      print ( "입장 가능" )
5  else:
6      print ( "입장 불가" )
```
입장 불가

```
1  age = input ("나이는? ")
2  age = int (age)  # 23 입력
3
4  if   age > 20 :
5      print ( "입장 가능" )
6  else :
7      print ( "입장 불가" )
```
입장 가능

파이썬 연습장
pyrun.kr

21. 조건문 연습

입력

```
bus = 0    # False/없다
taxi = 1   # True/있다

if bus :
    print ( '버스 타자.' )
elif taxi :
    print ( '택시 타자.' )
else :
    print ( '가지 말자.' )
```

입력

```
temp = 25
is_sunny = True  #날씨맑음

if temp > 20 or is_sunny :
    print ( "공원에 가자." )
else :
    print ( "집에 있자." )
```

```
1  bus = 0    # False/없다
2  taxi = 1   # True/있다
3
4  if bus :
5      print ( '버스 타자.' )
6  elif taxi :
7      print ( '택시 타자.' )
8  else :
9      print ( '가지 말자.' )
```

택시 타자.

```
1  temp = 25
2  is_sunny = True  #날씨맑음
3
4  if temp > 20 or is_sunny :
5      print ( "공원에 가자." )
6  else :
7      print ( "집에 있자." )
```

공원에 가자.

21. 조건문 연습

입력

```
bag = [ 'gum', 'pen',
        'note', 'book' ]

if 'key' in bag:
    print ( '집에 들어가자.' )
else:
    print ( '밖에 있자.' )
```

입력

```
box = [ 'juice', 'battery',
        'snacks', 'map' ]
has_tent = True

if 'water' in box :
    print ( '캠핑을 가자.' )
elif has_tent :
    print ( '하이킹을 가자.' )
else:
    print ( '집에 머물자.' )
```

```
1  bag = [ 'gum', 'pen',
2          'note', 'book' ]
3
4  if 'key' in bag:
5      print ( '집에 들어가자.' )
6  else:
7      print ( '밖에 있자.' )
```

밖에 있자.

```
1  box = [ 'juice', 'battery',
2          'snacks', 'map' ]
3  has_tent = True
4
5  if 'water' in box :
6      print ( '캠핑을 가자.' )
7  elif has_tent :
8      print ( '하이킹을 가자.' )
9  else:
10     print ( '집에 머물자.' )
```

하이킹을 가자.

파이썬 연습장
pyrun.kr

21. 조건문 연습

입력
```
# 빈 리스트
messages = []

if messages :
    print ( messages )
else :
    print ( "메시지 없음" )
```

입력
```
keyboard = 2

if keyboard == 1 :
    print ( 'Google' )
elif keyboard == 2 :
    print ( 'Youtube' )
elif keyboard == 3 :
    print ( 'Netflix' )
else :
    print ( '다시 누르세요.' )
```

```
1  messages = [ ]
2
3  if messages :
4      print ( messages )
5  else :
6      print ( "메시지 없음" )
```

메시지 없음

```
1  keyboard = 2
2
3  if keyboard == 1 :
4      print ( 'Google' )
5  elif keyboard == 2 :
6      print ( 'Youtube' )
7  elif keyboard == 3 :
8      print ( 'Netflix' )
9  else :
10     print ( '다시 누르세요.' )
```

Youtube

21. 조건문 연습

퀴즈

1. 파이썬 조건문에서 "그렇지 않으면"을 의미하는 키워드는 무엇일까요?
   ① if not
   ② otherwise
   ③ else
   ④ except

2. 다음 코드를 실행하면 출력 결과는 무엇일까요?
   ```
   num = 0

   if num == 10 :
       print ( 'A' )
   elif num != 0 :
       print ( 'B' )
   elif num > 7 :
       print ( 'C' )
   else :
       print ( 'D' )
   ```
   ① A   ② B   ③ C   ④ D

답 1.③ 2.④

21. 조건문 연습

3. 다음을 실행하면 출력 결과는 무엇일까요?

   ```
   x = 7

   if x % 2 == 0 :
       print ( '짝수' )
   else :
       print ( '짝수가 아니다' )
   ```

   ① 짝수　　　　　　② 홀수
   ③ 짝수가 아니다　　④ 7

4. 조건문에 사용되는 연산자로, 두 값이 같은 지 비교할 때 사용하는 기호는 무엇일까요?
   ① =　　② ==　　③ ===　　④ !=

5. 조건문 내에서 "그리고"의 조건을 모두 충족해야 할 때 사용하는 파이썬의 키워드는 무엇일까요?
   ① and　　② or　　③ not　　④ both

답　3.③　4.②　5.①

21. 조건문 연습

미션 ①

 # 몇 분이세요?

원조맛집 식당은 테이블이 두 가지 스타일이에요.
네모 식탁은 짝수 인원이,
둥근 식탁은 홀수 인원이 앉을 수 있어요.

이제 손님들한테 인원 수를 물어보고
테이블을 배정하려고 해요.

조건문으로 만들어 놓으면 직원이 고생을 덜 하겠죠?

정답은 p. 326에 있어요.

21. 조건문 연습

미션 ②

이상한 요리, 안 이상한 키오스크

이모가 '세계의 이상한 요리' 음식점을
오픈하셨어요.
내가 파이썬 공부한 걸 아시고,
가게에 놓을 키오스크를
프로그래밍해 달라고 하시네요.

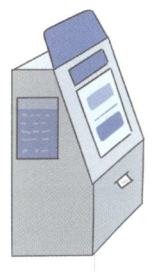

이상한 요리들을 위한,
안 이상한 키오스크를
만들어 보세요. 실력발휘 시작~!

1번　타란튤라 거미 요리
2번　참치 눈알 요리
3번　바나나나무의 뿌리로 만든 빵

정답은 p. 327에 있어요.

22. 반복문의 종류

22. 반복문의 종류

반복문

특정한 코드가 반복적으로 수행되도록 하는 구문

반복문이란 무엇일까요?

특정한 코드가 어떤 조건 하에
반복적으로 수행되도록 하는 구문을 말합니다.

22. 반복문의 종류

파이썬 반복문은 **3종류**

반복로봇 1　　반복로봇 2　　반복로봇 3

파이썬의 반복문은
크게 세 개의 유형으로 나눌 수 있어요.

위의 로봇들은 모두 반복하는 로봇인데
각각 반복하는 조건이 다릅니다.

22. 반복문의 종류

이 로봇들은 모두 핫도그 가게에서

케첩을 짜주는 로봇이에요

22. 반복문의 종류

케찹을 반복해서 짜는 이 로봇들은
케찹을 짜는 '조건'이 달라서
각각 다른 방식으로 케찹을 반복적으로 짭니다.

22. 반복문의 종류

"케첩이 다 떨어질 때까지 계속 짜드려요~"

1번 로봇은 케첩이 다 떨어질 때까지 계속 짜줍니다.

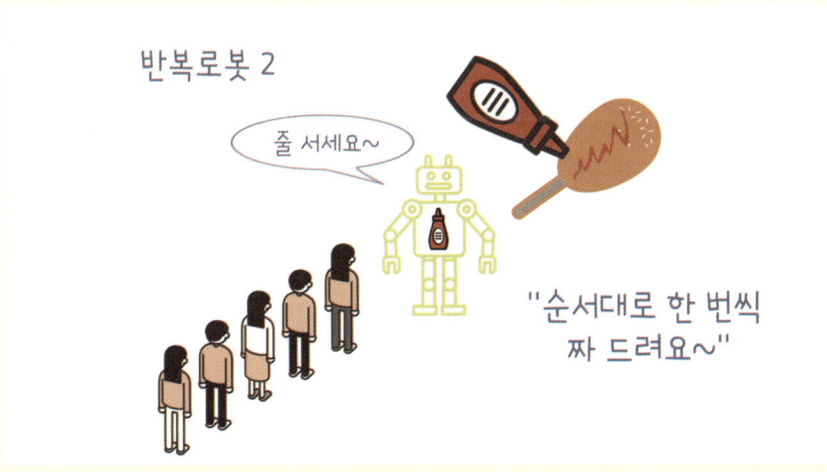

2번 로봇은 케첩을 순서대로 한 번씩 계속 짜줍니다.

22. 반복문의 종류

반복로봇 3

"지금부터 500번 짜 드려요~"

3번 로봇도 케첩을 반복해서 짜는데,
이 로봇은 횟수만큼만 반복하는 로봇입니다.
딱 500번만 케첩을 짜줍니다.

1, 2, 3번 로봇 모두 반복하는 로봇이지만
반복하는 조건이 조금씩 다릅니다.

그러면 반복을 끝내는 조건은 각각 뭘까요?

22. 반복문의 종류

반복문 1   1. 조건이 성립하는 동안 반복

" 케첩이 다 떨어질 때까지 짜 드려요~ "

1번 로봇은 조건이 케첩이 더 이상 없으면 반복이 끝나요.

반복문 2   2. 순서대로 반복

"순서대로 한 분씩 짜 드려요~"

2번 로봇은 순서대로 모두 반복하면 반복이 끝나요.

22. 반복문의 종류

반복문 3

3. 범위, 횟수만큼 반복

"500번 짜 드려요~"

3번 로봇은 정해진 횟수만큼 반복이 되고
그 횟수가 채워지면 반복이 끝나요.

22. 반복문의 종류

1. 조건이 성립하는 동안 반복

2. 순서대로 반복

3. 범위, 횟수만큼 반복

이렇게 파이썬에는
1. 조건이 성립하는 동안만 반복하거나
2. 순서대로 한번씩 반복하거나
3. 범위, 횟수만큼 반복하는

세 가지 유형의 반복문이 있어요.

22. 반복문의 종류

핵심 요약

반복문이란?
- 특정한 코드가 반복적으로 수행되도록 하는 구문

반복문의 종류 3가지

1. 조건이 성립하는 동안 반복

   케찹이 다 떨어질때까지 짜 드려요.

2. 순서대로 반복

   순서대로 한 분씩 케찹을 짜 드려요.

3. 범위, 횟수만큼 반복

   케찹을 500번 짜드려요.

22. 반복문의 종류

미션

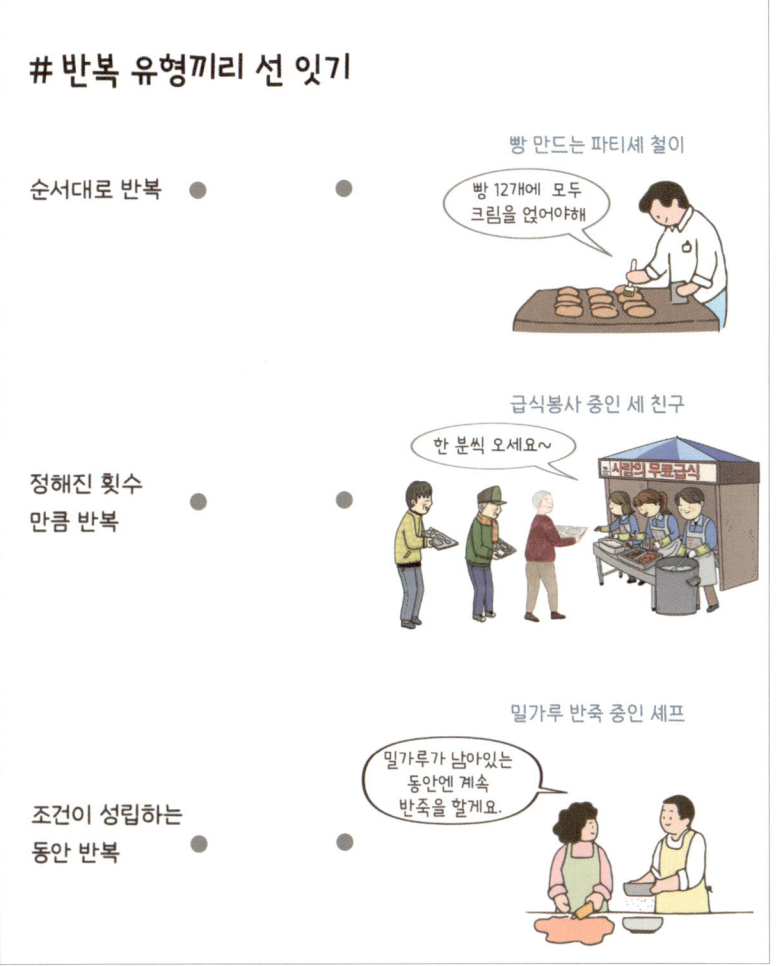

정답은 p. 328에 있어요.

23. while 반복문

23. while 반복문

반복문 1
1. 조건이 성립하는 동안 반복

" 케첩이 다 떨어질 때까지
짜 드려요~ "

이 장에서는 반복문 첫 번째 유형,
조건이 성립하는 동안 반복하는 반복문에 대해
살펴봅니다.

이 로봇은
'케첩이 다 떨어질 때까지'라는 조건이 성립되는 동안
계속해서 반복하는 로봇이에요.

23. while 반복문

while

이렇게 조건이 성립되는 동안 반복하는 반복문에는 while을 쓰는데요.

while이 영어 단어로 무슨 뜻이죠?
while은 '~하는 동안'의 뜻이에요.

파이썬에서도 비슷합니다. '~하는 동안',
즉, **어떤 조건이 성립하는 동안**의 의미입니다.

while 반복문

```
while 조건식 (bool 값) :
    실행문1
    실행문2
```

조건식이 True인 동안
실행문1, 2가
계속 반복됨

while 반복문 공식입니다.

while 뒤의 조건식이 True로 성립하는 동안 계속해서 실행문1과 실행문2가 실행됩니다.

앞의 조건문에서도 True인지 False인지 묻는 Bool 조건식이 들어갔었죠? 비슷합니다.

즉, 조건식이 True인 동안 계속 반복되는 겁니다.

23. while 반복문

```
while 조건식 (bool 값) :
    실행문1                        콜론 ( : )
    실행문2
```
들여쓰기

조건문 공식과 마찬가지로
while 조건식 다음에 콜론(:)을 하고 엔터키를 치면
자동으로 들여쓰기가 됩니다.

콜론과 들여쓰기에 유의하세요.

23. while 반복문

while 반복문 작동 방식

```
x = 1

while x <= 3 :
    print (x)
    x = x + 1
```

간단한 예제로 while 반복문의 작동을 알아봅니다.

```
x = 1

while x <= 3 :      1 <= 3 가 되어 조건식이 True
    print (x)       조건식이 True라서 반복문이 실행됨
    x = x + 1       print ( 1 )이 실행되고
                    x가 1이니까 1 + 1
x는 2가 됨
```

x가 1로, x <= 3이 True가 되어 반복문이 실행됩니다.

23. while 반복문

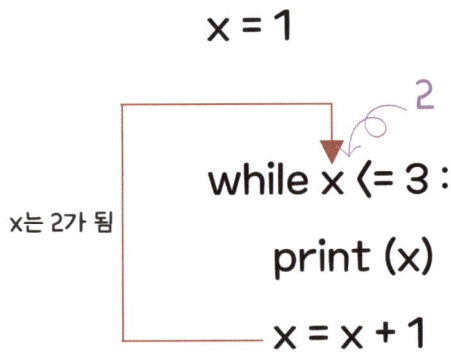

```
x = 1

while x <= 3 :      ← 2
    print (x)
    x = x + 1
```
x는 2가 됨

마지막 줄에서 x가 2가 되고 다시 반복문 첫 줄로 가요.

```
x = 1

        2
while x <= 3 :      2 <= 5 가 되어 조건식이 True
                    조건식이 True라서 반복문이 실행됨
    print (x)
                    print ( 2 )가 실행되고
    x = x + 1       x가 2이니까 2 + 1
```
x는 3이 됨

x가 2가 되어 반복문이 다시 진행됩니다.

23. while 반복문

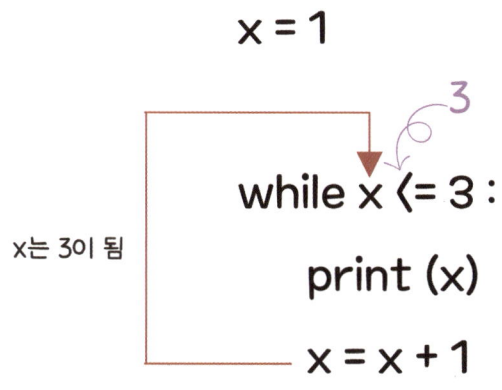

마지막 줄에서 x가 3이 되고 다시 반복문 첫 줄로 가요.

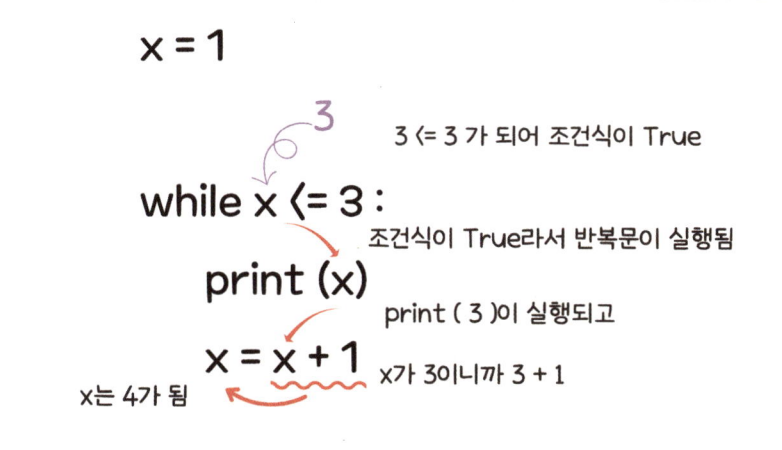

x가 3이 되어 반복문이 다시 진행됩니다.

23. while 반복문

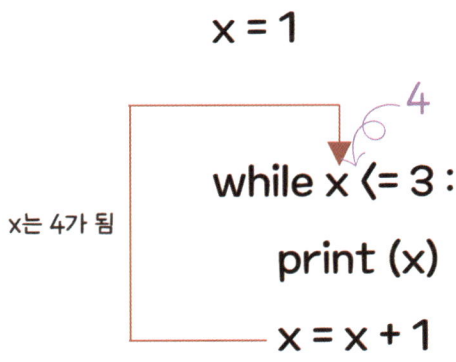

마지막 줄에서 x가 4가 되고 다시 반복문 첫 줄로 가요.

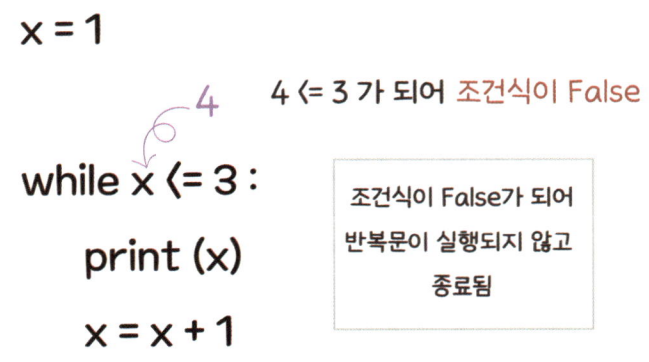

x가 4이면 조건식이 False가 되어 반복문이 끝나요.

23. while 반복문

while 반복문

```
x = 1

while x <= 3 :
    print (x)
    x = x + 1    # x += 1
```

```
1  x = 1
2
3  while x <= 3 :
4      print (x)
5      x = x + 1    # x += 1
```

RUN (Ctrl + Enter)   Refresh

1
2
3

while 반복문의 작동을 코드로 연습해 봅니다.

x는 1일때 조건식이 True라서 반복문이 실행되고
그래서 print (1)이 실행되었고,
같은 방식으로 x가 2, x가 3일때도 반복문이 실행,
x가 4가 되면 조건식이 False가 되어
반복문이 종료됩니다.

출력 결과는 1, 2, 3이 각각 한 줄씩 출력됩니다.

23. while 반복문

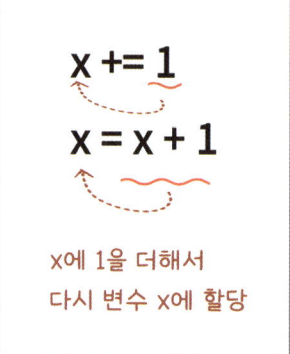 

여기에서 수학에서는 못 보던 식이 나오네요.

x += 1, x = x + 1 이라는 건 무슨 뜻이냐면 오른쪽 x에 1을 더해서 다시 왼쪽 x에 할당해준다는 의미에요. 2가지 식 모두 같은 뜻입니다.

sum += x, sum = sum + x도 마찬가지입니다. sum이라는 변수에 x를 더해서 다시 sum에 할당해 준다는 의미입니다. 반복문에 많이 쓰이는 코드입니다.

23. while 반복문

```
x = 1
sum = 0

while x <= 3 :
    sum += x
    print (sum)
    x += 1
```

```
1  x = 1
2  sum = 0
3
4  while x <= 3 :
5      sum += x
6      print (sum)
7      x += 1
```

RUN (Ctrl + Enter)   Refresh

1
3
6

x가 1로 시작합니다. x가 1이면 x<=3이 True여서 while 문 이하가 실행됩니다.
1인 x가 0인 sum에 할당되어 sum이 1이 됩니다.
1이 출력되고 x += 1을 통과하면서 x가 2가 됩니다.
2일때도 x <= 3 부분이 True이므로
sum은 2+1이 되어 print(sum)에서 3이 출력되요.
x += 1을 통과하면서 x는 3이 되어 sum은 6이고
x가 4가 되면 x <= 3가 False가 되어
반복이 종료되게 됩니다.

23. while 반복문

핵심 요약

while 반복문이란?

조건이 **성립**하는 동안 코드를 계속 반복하는 구문

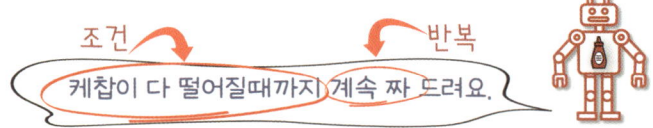

while 반복문의 공식

```
while  조건식 (Bool값) :
    실행문1
    실행문2
```

조건식이 True인 동안
실행문1, 2가 계속 반복됨

23. while 반복문

궁금해요

Q : `x = x + 1` 와 `x += 1`은 무슨 의미인가요?

A : x에 1을 더해서 다시 변수 x에 할당

양쪽 코드는 같은 의미

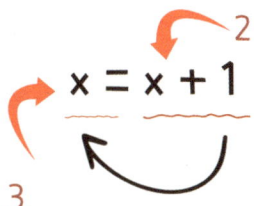

23. while 반복문

코드 실습

pyrun.kr에서 다음을 각각 실행하고 비교해보세요.

입력

```
x = 1

while x <= 5 :
    print (x)
    x += 1
```

입력

```
x = 1
sum = 0

while x <= 5 :
    sum += x
    print (sum)
    x += 1
```

```
1  x = 1
2
3  while x <= 5 :
4      print (x)
5      x += 1
```
RUN (Ctrl + Enter)   Refresh

1
2
3
4
5

```
1  x = 1
2  sum = 0
3
4  while x <= 5 :
5      sum += x
6      print (sum)
7      x += 1
```
RUN (Ctrl + Enter)   Refresh

1
3
6
10
15

23. while 반복문

퀴즈

1. 다음의 결과가 나오도록 하려면, 빈 곳에 들어갈 코드는?

```
x = 1
_____ x <= 3 :
    print ( x )
x += 1
```

```
# 코드결과
1
2
3
```

① if　　　② while　　　③ for　　　④ range

2. 다음 빈칸에 알맞은 말은 무엇일까요?

while문은 조건식의 bool 값이 ____일 경우 계속 반복하다가 조건식의 bool 값이 ____가 되면 반복을 멈춥니다.

① True, False　　　② False, True
③ 1, 0　　　　　　 ④ 0, 1

답　1.②　2.①

23. while 반복문

3. 다음의 코드에 대해 알맞지 않은 것은 무엇일까요?

   ```
   x = x + 1
   ```

   ① x에 1을 더해서 다시 x에 할당한다.
   ② x += 1와 같은 코드이다.
   ③ x와 x+1이 같다는 의미이다.
   ④ 왼쪽의 x변수의 값은 오른쪽의 x변수의 값보다 1이 더 크게 된다.

4. 다음 코드의 실행 결과로 알맞은 것은 무엇일까요?

   ```
   result = 0
   k = 1
   while k <= 10 :
       result += k
       k += 1
   print ( result )
   ```

   ① 10   ② 45   ③ 55   ④ 1

답 3.③ 4.③

23. while 반복문

미션

 # 카운트가 시작됐어 # 폭발을 막아 !!!

"보고있나, 이 폭탄을…"
범인이 폭탄을 설치했군요.

while 반복문으로
카운트되게 해놓고
10이 되면 터지도록
해 놓은거 같아요.
1, 2, 3, 4, 5, 6, 7, 8, 9

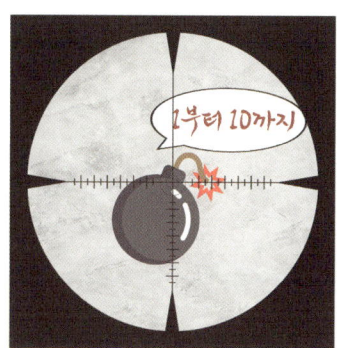

1부터 10까지

10까지 출력되기 전에
어서 범인의 while 반복문 코드를 알아내세요.
그리고, 1부터 9까지만 출력되도록 코드를 적어보세요.

정답은 p. 329에 있어요.

24.

for 반복문 1 (순서형)

24. for 반복문 1

반복문 2

2. 순서대로 반복

" 순서대로 한 분씩
짜 드려요 "

반복문 두 번째, 순서대로 반복하는 유형입니다.

2번째 로봇은 한 사람에 한번씩
순서대로 케첩을 짜고 있어요.
모든 순서가 끝나면 반복을 종료합니다.

24. for 반복문 1

for 순서형 반복문

이렇게 순서대로 반복하는 것에 for를 씁니다.

for를 사용하는 반복문도 2가지 유형인데,
그 첫 번째입니다.

순서가 있는 데이터들을 활용하는 반복문입니다.

24. for 반복문 1

순서대로 반복한다고?

순서대로 반복하기 위해서는 '순서'가 있는 구조여야해요.

순서가 중요한 데이터 형태들은 위와 같습니다.

24. for 반복문 1

딕셔너리

키-값 쌍으로 데이터를 저장하는
딕셔너리는
순서형 자료구조는 아니지만
for 반복문으로 반복할 수 있어요.

딕셔너리도 항목 하나씩 돌아가면서 반복이 가능해요.

for 순서형 반복문에는

문자열
리스트
튜플
딕셔너리

이렇게 4개?

for 순서형 반복문은 이렇게 4가지 자료형이 가능해요.

24. for 반복문 1

for 순서형 반복문

for 반복자 in 순서형 자료 :
    실행문1
    실행문2

순서형 자료의 항목들이
실행문1, 2로
순서대로 반복됨

for 순서형 반복문의 형식은 위와 같습니다.
반복자라고 하는 건 변수가 들어가는 자리인데,
반복하는 동안 임시로 담는 그릇 같은 변수입니다.

순서형은 문자열, 리스트, 튜플 등의 데이터이며,
for 순서형 반복문은 순서형 데이터 안의 항목들이
실행문 1, 2로 순서대로 반복되는 것을 말합니다.

24. for 반복문 1

```
for 반복자 in 순서형 자료 :
    실행문1
    실행문2
```

- 콜론
- 들여쓰기
- 문자열, 리스트, 튜플, 딕셔너리

조건문, while 반복문과 마찬가지로
for문 끝에 콜론(:)을 입력하고 엔터키를 치면
자동으로 들여쓰기가 됩니다.

for문 끝에 콜론을 잊지말고,
들여쓰기도 실수하지 않도록 하세요.

24. for 반복문 1

임시 변수, 임시로 데이터를 담는 그릇

for 반복자 in 순서형 자료 :

    실행문1

    실행문2

반복자, 임시변수의 위치를 확인하세요.

임시로 데이터를 담는 반복자, 임시변수에는 i, K, x, _ 등이 자주 쓰여요.

뒤 순서형 자료의 원소가 반복자 i에 차례로 담깁니다.

24. for 반복문 1

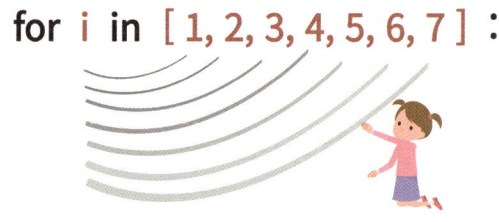

for i in [1, 2, 3, 4, 5, 6, 7] :

- 한 개씩 순차적으로 반복자 i에 담아요.
- 순서가 모두 끝나면 반복도 종료해요.

위와 같이 리스트 요소를 반복자 i에 한 번씩 담았다가
다음 실행문에서 실행하는 겁니다.

반복자는 i, j, k, x, 언더바(_) 등을 사용합니다.
기타 다른 문자나 변수를 사용해도 됩니다.

반복자는 의미는 없고,
그냥 임시 그릇이라고 생각하면 됩니다.

24. for 반복문 1

for 순서형 반복문 **작동 방식**

```
for k in [ 1, 2, 3 ] :
    print ( k )
```

for 순서형 반복문은 어떻게 작동할까요?

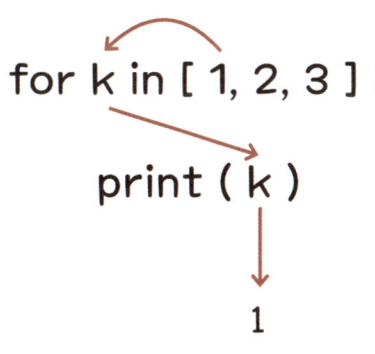

먼저, 리스트 [1, 2, 3] 중에서 1이 k에 담깁니다.

24. for 반복문 1

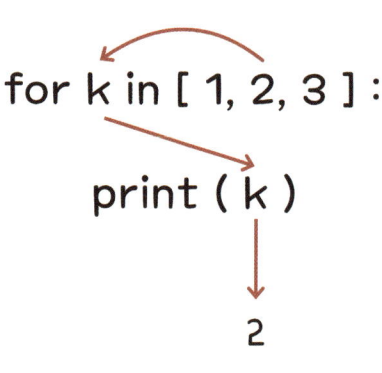

그 다음에는 [1, 2, 3]에서 2가 k에 담깁니다.

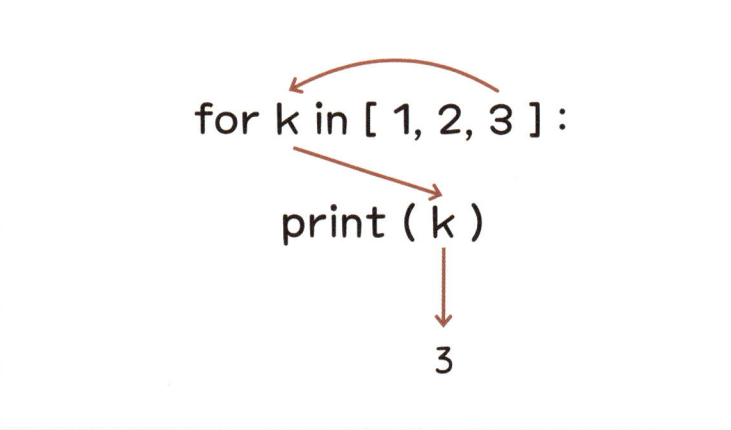

그 다음에는 [1, 2, 3]에서 3이 k에 담깁니다.

24. for 반복문 1

입력:
```
for k in [ 1, 2, 3 ] :
    print ( k )
```

출력:
```
1
2
3
```

이렇게 [1, 2, 3]의 요소들이 순서대로
k에 담기고 다 실행된 후에 반복문이 끝납니다.

반복문이 출력될 때에는,
반복문 실행시마다 출력할 때 줄바꿈이 일어납니다.

반복문이 첫 번째 실행될 때에 1이 출력되고,
반복문이 두 번째 실행될 때에 2가 출력되고,
반복문이 세 번째 실행될 때에 3이 출력됩니다.

24. for 반복문 1

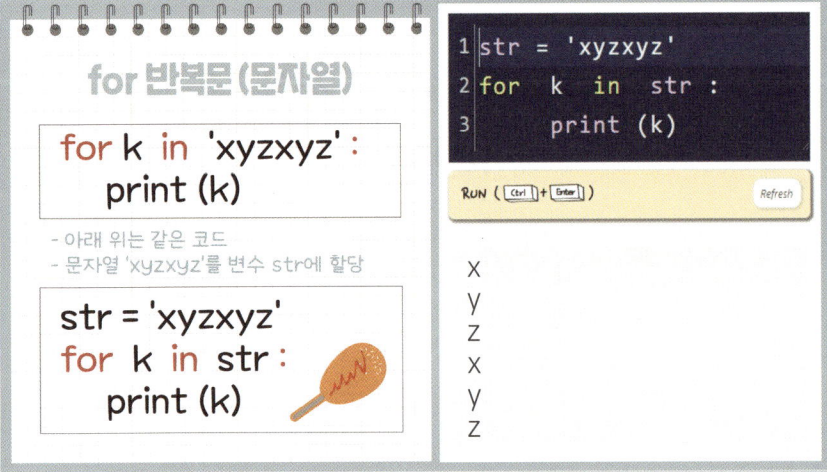

문자열 'xyzxyz'의 반복문입니다.

문자열 'xyzxyz'는 for 구문 안에 써도 되고
위와 같이 변수 str로 따로 써도 됩니다.
문자열의 각 문자 x, y, z, x, y, z가 한번씩
반복자, 임시변수 k에 담겼다가 실행됩니다.

이 반복문의 전체 반복 횟수는 6번이어서
x, y, z, x, y, z가 한 줄에 하나씩 출력됩니다.

24. for 반복문 1

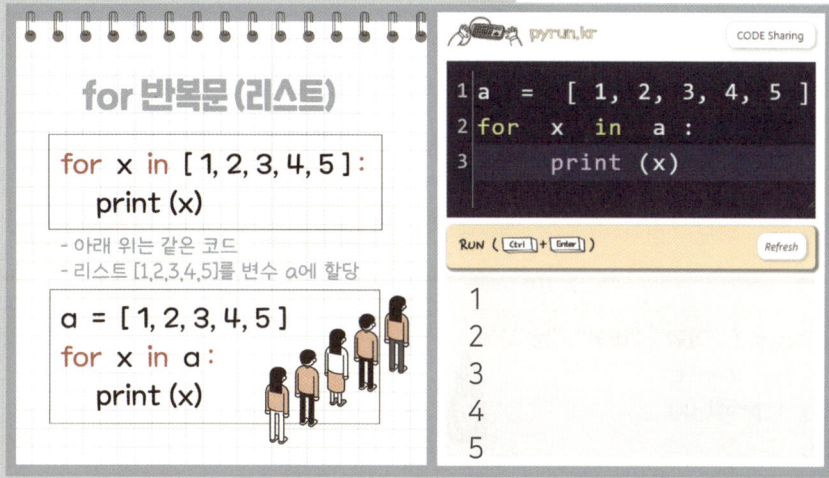

리스트 [1, 2, 3, 4, 5]의 반복문입니다.

리스트 [1, 2, 3, 4, 5]는 for 구문 안에 써도 되고
위와 같이 변수 a로 따로 써도 됩니다.
리스트의 1, 2, 3, 4, 5가 차례로 한 번씩
임시변수인 x에 담겼다가 실행됩니다.

이 반복문의 전체 반복 횟수는 5번이어서
1, 2, 3, 4, 5가 한 줄에 하나씩 출력됩니다.

24. for 반복문 1

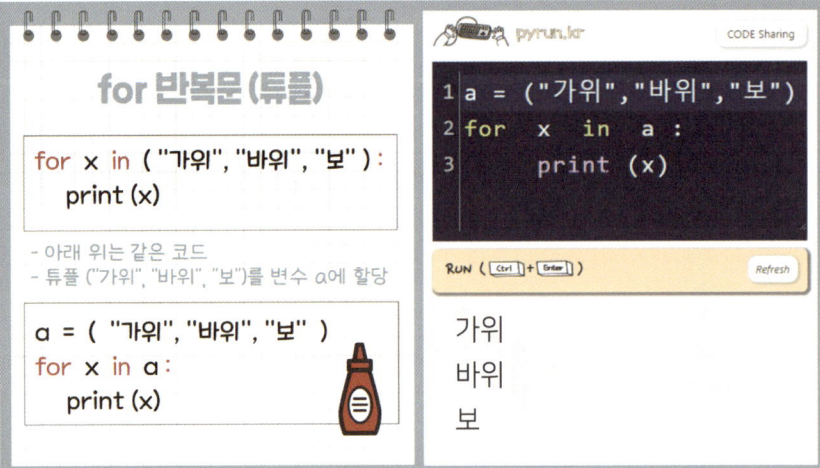

튜플 ("가위", "바위", "보")의 반복문입니다.

튜플 ("가위", "바위", "보")는 for 구문 안에 써도 되고
위와 같이 변수 a로 따로 써도 됩니다.
튜플의 가위, 바위, 보가 차례로 한 번씩
임시변수인 x에 담겼다가 실행됩니다.

이 반복문의 전체 반복 횟수는 3번이어서
가위, 바위, 보가 한 줄에 하나씩 출력됩니다.

24. for 반복문 1

for 반복문과 조건문

```
# 리스트 선언
numbers = [1, 2, 3, 4, 5, 6]

# for 반복문과 조건문을 사용하여 짝수만 출력
for k in numbers:
    if k % 2 == 0:  # 짝수인지 확인하는 조건문
        print( k )
```

```
1  # 리스트 선언
2  numbers = [1, 2, 3, 4, 5, 6]
3
4  # for 반복문과 조건문을 사용하여 짝수만 출력
5  for k in numbers:
6      if k % 2 == 0: # 짝수인지 확인하는 조건문
7          print(k)
```

```
2
4
6
```

24. for 반복문 1

핵심 요약

for 순서형 반복문이란?

순서형 데이터 내의 요소나 항목들을
순서대로 반복하는 구문

줄 서신 분들~ 순서대로 케찹을 짜 드려요.

for 순서형 반복문의 공식

for 반복자 **in** 순서형 데이터 :
    실행문1
    실행문2

24. for 반복문 1

코드 실습

pyrun.kr에서 다음을 각각 실행하고 비교해보세요.

입력
```
for _ in '이지파이썬':
    print (K)
```

입력
```
for _ in [ '1', '2', '심화' ]:
    print ( K )
```

입력
```
book = '이지파이썬'
for _ in book :
    print ( _ )
```

입력
```
book = [ '1', '2', '심화' ]
for _ in book :
    print ( _ )
```

위의 두 코드의 실행 결과는 같습니다.

위의 두 코드의 실행 결과는 같습니다.

```
1 book = '이지파이썬'
2 for _ in book :
3     print ( _ )
```
RUN (Ctrl + Enter)   Refresh

이
지
파
이
썬

```
1 book = ['1', '2', '심화']
2 for _ in book :
3     print ( _ )
```
RUN (Ctrl + Enter)   Refresh

1
2
심화

24. for 반복문 1

입력
```
for x in ['사과', '귤', '배']:
    print(x)
```

입력
```
for x in ('사과', '귤', '배'):
    print(x)
```

입력
```
fruits = ['사과', '귤', '배']
for x in fruits:
    print(x)
```

입력
```
fruits = ('사과', '귤', '배')
for x in fruits:
    print(x)
```

위의 두 리스트 반복문의 결과는 같습니다.

위의 두 튜플 반복문의 결과는 같습니다.

```
1 fruits=['사과','귤','배']
2 for x in fruits :
3     print(x)
```
RUN (Ctrl + Enter)

사과
귤
배

```
1 fruits=('사과','귤','배')
2 for x in fruits :
3     print(x)
```
RUN (Ctrl + Enter)

사과
귤
배

파이썬 연습장
pyrun.kr

24. for 반복문 1

퀴즈

1. 다음의 결과가 나오도록 하려면, 빈 곳에 들어갈 코드는?

   ```
   _____ x in [ 1, 3, 5 ]:
        print ( x )
   ```

   ```
   # 코드결과
   1
   3
   5
   ```

   ① if   ② while   ③ for   ④ range

2. 다음의 결과가 나오도록 하려면, 빈 곳에 들어갈 코드는?

   ```
   for x ____ [ 2, 4, 6 ]:
        print ( x )
   ```

   ```
   # 코드결과
   2
   4
   6
   ```

   ① if   ② while   ③ in   ④ range

답   1.③   2.③

24. for 반복문 1

3. 다음 코드의 출력 결과는 무엇일까요?

```
for k in '파이썬' :
    print ( k )
```

① 파 이 썬　　② 파이썬
③ 파　　　　　④ k
　 이
　 썬

4. 다음 코드의 출력 결과는 무엇일까요?

```
text = [ 'ez', 'Python', 'for', 'you' ]
for x in text :
    print ( x )
```

① ezPythonforyou　　② text
③ ez Python for you　④ ez
　　　　　　　　　　　　Python
　　　　　　　　　　　　for
　　　　　　　　　　　　you

답　3.③　4.④

24. for 반복문 1

미션

시간의 수레바퀴

당신은 무슨 띠인가요?

당신 띠를 시작으로 시계방향 순으로 리스트를 만들어보고, for 시퀀스 반복문을 활용해서 12띠를 출력해보세요.

정답은 p. 330에 있어요.

25. for 반복문 2 (range형)

25. for 반복문 2

반복문 3

3. 범위, 횟수만큼 반복

" 500번 짜드려요~ "

이번에는 정한 횟수만큼 반복하는 반복문입니다.

이번에도 for를 사용합니다.

25. for 반복문 2

for ~ range( ) 반복문

범위 혹은 횟수만큼 반복

〈16장. range ( )〉에서
범위 내에서 정수를 생성하거나
횟수를 나타내는 range ( )를 공부했어요.

range ( )는 for와 같이 쓰이면서
range ( ) 안에서 생성되는 정수가 한 번씩
혹은 range ( )안의 횟수만큼
실행문이 반복되는 반복문을 만듭니다.

25. for 반복문 2

for~range( ) 반복문

> for 반복자 in range ( ) :
>   실행문 1
>   실행문 2

range ( ) 안의
범위 / 횟수만큼
실행문 1, 2 반복

앞 장의 for 순서형 반복문과 비슷한 구조입니다.

range ( )에서 생성되는 정수가
반복자에 한 번씩 담겼다가
실행문1, 실행문2를 실행시킵니다.

혹은 range ( )의 숫자만큼
실행문1, 실행문2가 반복됩니다.

25. for 반복문 2

```
for 반복자 in range ( ):
    실행문1
    실행문2
```

콜론

들여쓰기

( )에 반복범위, 횟수

조건문, while 반복문, for 순서형 반복문과
마찬가지로 구문 끝에 콜론(:)을 꼭 해야 합니다.

콜론을 입력하고 엔터키를 치면
자동으로 들여쓰기가 됩니다.

조건문, 반복문에서처럼 콜론과 들여쓰기가 중요해요.

25. for 반복문 2

for 반복자 in range (5) :

range(0, 5)
0, 1, 2, 3, 4

- 횟수만큼 반복
- 정해진 횟수 끝나면 종료

range (5)는 0, 1, 2, 3, 4를 생성하며 각각을 반복자, 임시변수에 하나씩 임시로 담습니다.

생성한 정수를 반복자, 임시변수에 한 번씩 담는 것은 for 순서형 반복문과 비슷합니다.

pyrun.kr에서 코드를 보면서 더 설명하겠습니다.

25. for 반복문 2

for ~ range ( ) 반복문 작동 방식

```
for k in range ( 3 ) :
    print ( k )
```

for ~ range ( ) 반복문은 어떻게 작동할까요?

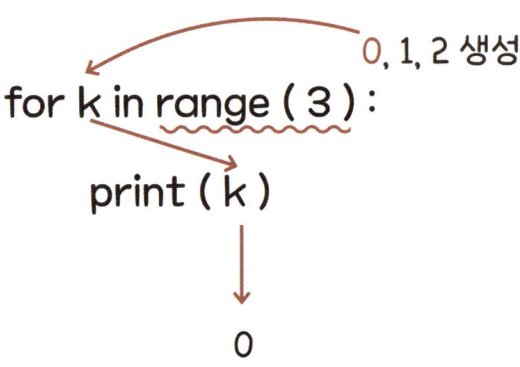

range(3)에서 생성된 0, 1, 2 중 0이 k에 담깁니다.

25. for 반복문 2

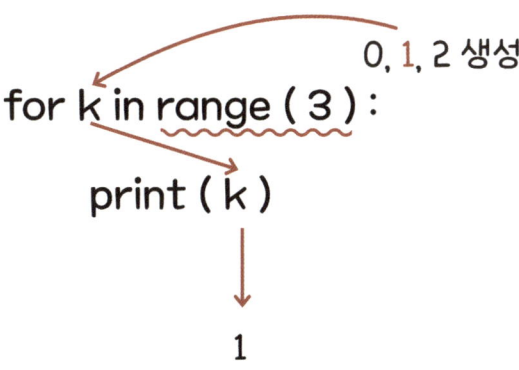

range(3)에서 생성된 0, 1, 2 중 1이 k에 담깁니다.

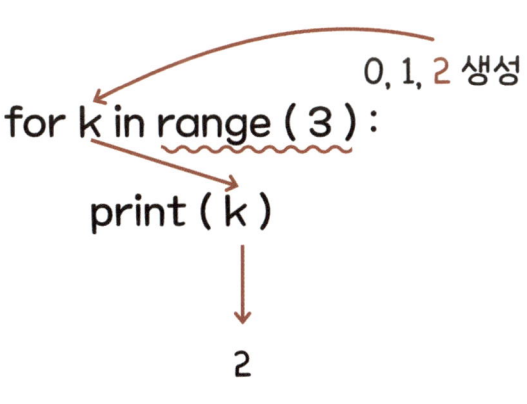

range(3)에서 생성된 0, 1, 2 중 2가 k에 담깁니다.

25. for 반복문 2

for~range( ) 반복문

```
for i in range (5) :
    print ( i )
    print ( '******' )
```

```
1 for i in range ( 5 ) :
2     print ( i )
3     print ( '******' )
```

RUN (Ctrl + Enter)　　　　　　Refresh

```
0
******
1
******
2
******
3
******
4
******
```

for ~ range( )문을 연습해 봅니다.

range (5)는 0, 1, 2, 3, 4를 생성하여
k에 한 번씩 담겨서 print (k)를 실행시킵니다.
그리고 ******가 다음 줄에 출력됩니다.

이렇게 k에 담긴 정수와 ******가
한 줄씩 출력되며
위 과정을 5번 반복합니다.

25. for 반복문 2

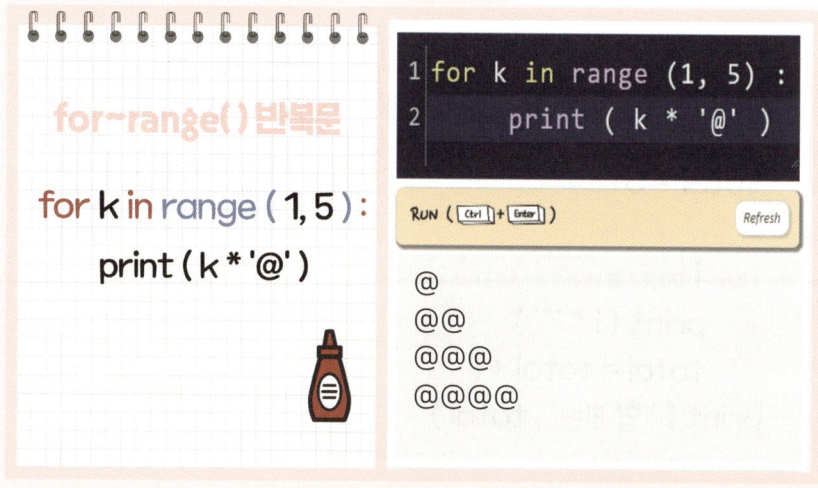

range (1, 5)는 정수 1, 2, 3, 4를 생성합니다.

생성된 정수 1, 2, 3, 4가
반복자, 임시변수 k에 한 번씩 담겨서
print (k * '@')를 실행시킵니다.

이 과정을 4번 반복합니다.

25. for 반복문 2

for~range( ) 반복문

```
total = 0

for i in range ( 1, 5 ) :
    print ( i * '^' )
    total = total + i
print ( "합계는", total )
```

```
1  total = 0
2
3  for i in range (1, 5) :
4      print ( i * '^' )
5      total = total + i
6  print ("합계는", total)
```

RUN (Ctrl + Enter)   Refresh

^
^^
^^^
^^^^
합계는 10

range (1, 5)는 정수 1, 2, 3, 4를 생성하여
반복자 i에 한 번씩 담겨서
print (i * '^')를 실행시킵니다.

그런 다음, total에 i 만큼 더해주고,
이 과정을 4번 반복합니다.

25. for 반복문 2

핵심 요약

for ~ range ( ) 반복문이란?

range ( )의 범위 내에서, 혹은 **range ( )의 횟수**만큼 반복하게 하는 구문

케찹을 500번 짜드려요~

for ~ range( ) 반복문의 공식

for 반복자 in range( ) :
    실행문

range ( )로
- 정수 생성하여 반복
- 숫자만큼 반복

25. for 반복문 2

코드 실습

pyrun.kr에서 다음을 각각 입력하고 실행해 보세요.

입력
```
for i in range ( 5 ) :
    print ( i )
```

입력
```
for i in range (5):
    print ( i )
    print ( '******' )
```

```
1  for i in range ( 5 ) :
2      print ( i )
```
RUN (Ctrl + Enter)   Refresh

```
0
1
2
3
4
```

```
1  for i in range ( 5 ) :
2      print ( i )
3      print ( '******' )
```
RUN (Ctrl + Enter)   Refresh

```
0
******
1
******
2
******
3
******
4
******
```

파이썬 연습장
pyrun.kr

25. for 반복문 2

입력
```
total = 0

for i in range (1, 5):
    print ( i * '^' )
    total = total + i
print ("합계는", total)
```

입력
```
sum = 0

for k in range ( 1, 11 ):
    sum = sum + k
    print ( sum )
```

```
1  total = 0
2
3  for i in range (1, 5) :
4      print ( i * '^' )
5      total = total + i
6  print ("합계는", total)
```

RUN (Ctrl + Enter)

```
^
^^
^^^
^^^^
합계는 10
```

```
1  sum = 0
2
3  for k in range ( 1, 11 ):
4      sum = sum + k
5      print ( sum )
```

RUN (Ctrl + Enter)

```
1
3
6
10
15
21
28
36
45
55
```

파이썬 연습장
pyrun.kr

25. for 반복문 2

퀴즈

1. 다음의 결과가 나오도록 하려면, 빈 곳에 들어갈 코드는?

   ```
   _____ x in range ( 3 ) :
          print ( x )
   ```

   ```
   # 코드결과
   0
   1
   2
   ```

   ① if   ② while   ③ for   ④ else

2. 다음의 결과가 나오도록 하려면, 빈 곳에 들어갈 코드는?

   ```
   for x in _____ ( 3 ) :
          print ( x )
   ```

   ```
   # 코드결과
   0
   1
   2
   ```

   ① if   ② while   ③ in   ④ range

답 1.③ 2.④

25. for 반복문 2

3. 다음 코드의 출력 결과는 무엇일까요?

```
for i in range ( 1, 20 ):
    print ( i )
```
① 1부터 20까지   ② 2부터 20까지
③ 1부터 19까지   ④ 2부터 19까지

4. 다음 코드는 1부터 얼마까지 출력이 될까요?

```
for i in range ( 1, 101, 2 ):
    print ( i )
```
① 101   ② 100   ③ 99   ④ 98

5. 다음 코드의 실행 결과는 무엇일까요?

```
for i in range ( 1, 5 ):
    print ( '*' * i )
```

① *
  **
  ***
  ****
  *****

② *
  **
  ***
  ****

③ *
  **
  ***

④ ******

답   3.③ 4.③ 5.②

25. for 반복문 2

미션 ①

25. for 반복문 2

미션 ②

3 x 0 = 0
3 x 1 = 3
3 x 2 = 6
3 x 3 = 9
3 x 4 = 12
3 x 5 = 15
3 x 6 = 18
3 x 7 = 21
3 x 8 = 24
3 x 9 = 27
3 x 10 = 30

\# 곱셈 구구도 반복문으로

3단을 외워보세요.

곱하기 할 때
고정된 부분과
바뀌는 부분을 나누어 보세요.

이제,
for ~ range ( ) 반복문으로
코드를 만들어서
좌측과 같이
3 곱하기 0부터
3 곱하기 10까지
출력되도록 해 보세요.

정답은 p. 332에 있어요.

26. 함수

26. 함수

함수

- 빈번하게 하는 작업들을 모아서
- 하나로 묶고
- 이름 붙인 것

함수란 무엇일까요?

빈번하게 하는 작업들을 모아서
하나로 묶고
이름을 붙인 것입니다.

26. 함수

함수란?

- 빈번하게 실행하는 코드들을 모아서
- 하나로 묶고
- 이름을 붙인 것
- 프로그래밍을 부품화하는 효과

그걸 프로그래밍 용어로 바꾸면 이렇습니다.
어떤 작업을 수행하는 코드를 모아
이름을 붙인 것이죠.

각 작업들을 작은 단위로 묶은 것인데
이렇게 되면 프로그래밍을 부품화하는 효과가 있어요.
즉, 이렇게 만든 함수는
부품처럼 계속 불러다가 쓸 수 있다는 겁니다.

26. 함수

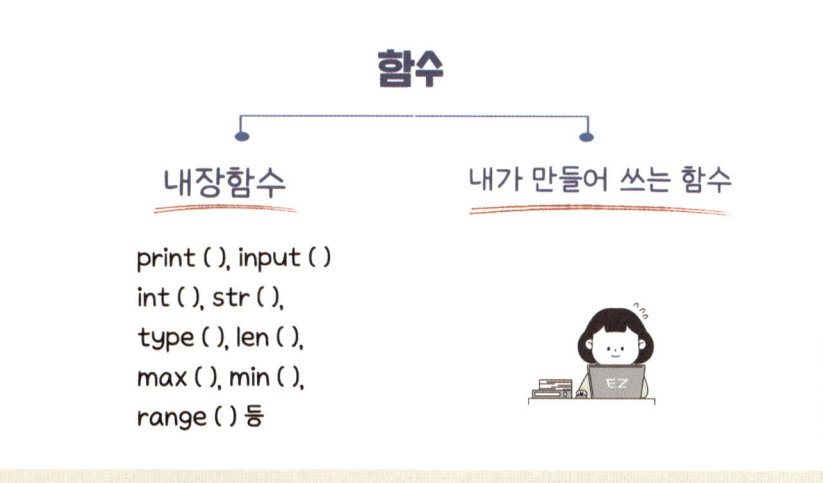

우리는 앞에서 내장함수를 배웠어요.

프로그래밍을 하다보면 이 내장함수들 외에도 내가 함수를 만들어서 쓰고 싶을 때가 있어요.

이제 내가 쓸 함수를 만들어 봅니다.

26. 함수

함수 만드는 공식

```
def 함수이름 ( ):
    실행문1
    실행문2
        .
        .
    함수이름 ( )
```

조건문, 반복문처럼 함수도 만드는 공식이 있어요.

함수 만들 때는 define정의하다의 줄임말인 def를 써요.
조건문은 if, 반복문은 while 혹은 for를 사용했어요.

그리고 함수를 만들 때 이름을 정해줘야겠죠?
def 뒤에 함수 이름을 쓰고, 괄호를 합니다.

괄호의 의미는 뒤에서 더 다룹니다.

26. 함수

함수 만드는 공식

```
        define
          ↓
         def  함수이름 ( ) :
              실행문1          ← 콜론
  들여쓰기 →  실행문2
              ⋮
              함수이름 ( )    ← 함수 호출
                              ex) print( )
```

그리고, 조건문, 반복문처럼
콜론(:)과 들여쓰기를 잊지 마세요.

만들어 놓은 함수는 제한 없이 불러다 쓸 수 있어요.

불러올 때는 함수의 이름을 쓰고 괄호를 하면 됩니다.
print ( ), input ( )의 구조를 떠올려 보세요.

26. 함수

함수를 정의하다

함수를 호출하다

이렇게 함수를 만드는 것을
함수를 정의한다고 하고,

만든 함수를 불러다 사용하는 것을
함수를 호출한다고 합니다.

26. 함수

이제 함수 개념을 예를 들어볼게요.

어떤 학생이 7시 반에 일어나 밥 먹고 양치하고 씻고 옷 입고 신발 신고 학교에 가는 것을 생각해보죠. 아침마다 똑같이 반복되고, 또 매일 이렇게 하는 걸 우리는 '등교준비'라고 해요.

이렇게 반복되는 일을 묶어서 이름 붙이는 것을 함수라고 합니다.

26. 함수

함수를 정의하다
```
def 등교준비 ( ):
    print ( "아침에 일어난다." )
    print ( "아침을 먹는다." )
    print ( "씻는다." )
    print ( "교복입고 신발 신고" )
    print ( "집을 나선다." )
```

함수를 호출하다
```
등교준비 ( )
```

코드로 만들어 봅니다.

아까 앞에서 학생이 일어나서 학교 갈 준비하는 걸
순서대로 묶고 〈등교준비〉라고 이름을 붙이고
괄호를 했습니다.

함수 이름은 알파벳으로 하는 게 좋지만
이해를 위해 함수 이름을 한글로 예를 들었습니다.
여러분이 만들 때는 꼭 알파벳으로 하세요.

26. 함수

```
def 등교준비 ( ) :
    print ("아침에 일어난다.")
    print ("아침을 먹는다.")
    print ("씻는다.")
    print ("교복 입고 신발 신고")
    print ("집을 나선다.")

등교준비 ( )
```

```
아침에 일어난다.
아침을 먹는다.
씻는다.
교복 입고 신발 신고
집을 나선다.
```

pyrun.kr에서 연습해 봅니다.
먼저, def를 하고 등교준비라는 함수 이름을 쓰고
괄호를 합니다. 콜론(:)과 들여쓰기에 주의하세요.

등교준비( )라는 함수를 이제 사용해 볼게요.
이 함수를 불러다 쓰려면 함수 이름에 괄호를 해줍니다.
여기서는 등교준비( )로 호출합니다.

26. 함수

등교준비 ( ) 함수를 더 **'다양하게'** 쓰고 싶어요.

'누가' 등교준비하는지 함수 안에 넣어볼까?

앞에서 만든 등교준비 ( ) 함수를
좀 더 다양하게 써보려고 합니다.

내가 만든 함수를
좀 더 편하고, 다양하고, 쓸모있게
만들어보는 작업입니다.

'누가' 등교준비를 하는지도 출력하도록 해봅니다.

26. 함수

> 함수를 정의할 때 어떤 조건까지 정의할 수 있어요.

```
def 등교준비(   ):
    print ( "일어난다." )
    print ( "아침 먹는다." )
    print ( "씻는다." )
    print ( "교복 입고" )
    print ( "집을 나선다." )

등교준비(   )
```

> 그 조건에 대해 구체적인 정보를 줄 수 있어요.

함수 이름 옆의 괄호에
어떤 조건을 넣어줄 수 있습니다.

함수를 만들 때 어떤 조건이 필요하도록 한 다음,
함수를 불러다 쓸 때 즉, 함수를 호출할 때
그 조건에 필요한 구체적인 정보를 넣어줍니다.

26. 함수

조건을 넣기 위한 변수 자리

```
def 등교준비 ( (name) ) :
    print ( name + '가 일어난다.' )
    print ( name + '가 아침 먹는다.' )
    print ( name + '가 씻는다.' )
    print ( name + '가 교복 입고' )
    print ( name + '가 집을 나선다.' )

등교준비 ( '지호' )   # 지호의 등교준비
```

구체적인 정보

```
1  def 등교준비 ( name ) :
2      print(name + '가 일어난다.')
3      print(name + '가 아침 먹는다.')
4      print(name + '가 씻는다.')
5      print(name + '가 교복 입고')
6      print(name + '가 집을 나선다.')
7
8  등교준비( '지호' )   #지호의 등교준비
```

```
지호가 일어난다.
지호가 아침 먹는다.
지호가 씻는다.
지호가 교복 입고
지호가 집을 나선다.
```

코드로 만들어 봅니다.
등교준비 함수 옆의 괄호 안에
name이라는 변수를 넣었어요.
이제 함수를 호출할 때는
이 변수 자리에 구체적인 정보를 넣어줘야 합니다.

위 코드에서 구체적인 정보로 '지호'를 입력했더니
함수를 호출한 결과
지호의 이름이 포함되어서 출력되었어요.

26. 함수

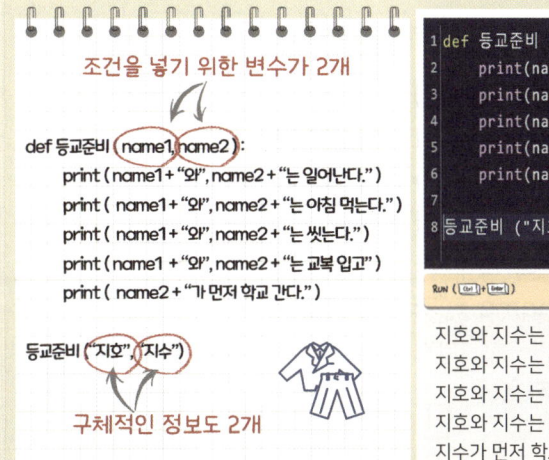
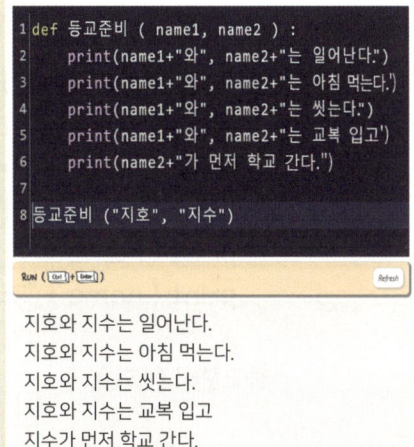

이번에는 함수 이름 옆 괄호에
변수를 2개 넣었어요.

그러면 이제 함수를 호출할 때
이 변수 자리에 구체적인 정보도 2개로 넣습니다.

위 코드에서 구체적인 정보로
'지호'와 '지수'를 입력했더니 함수를 호출한 결과
'지호'와 '지수'가 포함되어서 출력되었어요.

26. 함수

```
          매개변수
          ↙
def 등교준비 ( name ) :
    print ( name + "가 일어난다." )
    print ( name + "가 아침 먹는다." )
    print ( name + "가 씻는다." )
    print ( name + "가 교복 입고" )
    print ( name + "가 집을 나선다." )

등교준비 ( "지호" )
           ↖
           인수
```

이렇게 함수 이름 옆의 괄호 안에 들어가는 변수를 매개변수라고 합니다.

매개변수는 함수를 만들때 조건을 정해주는 역할을 해요.

그 함수를 호출할 때는 매개변수 자리에 구체적인 값을 넣어주는데, 그것을 인수라고 합니다.

26. 함수

매개변수와 인수를 활용하면,

함수를 더 유연하게
더 다양하게
더 편하게
사용할 수 있어요.

매개변수와 인수는 함수를 더 사용성 있게 만듭니다.

매개변수 parameter
인수 argument

매개변수와 인수의 영어 표현도 봐두세요.

26. 함수

```
def print_sum ( a, b ):
    print ( a + b )


print_sum ( 3, 4 )
```

매개변수 parameter
: 함수를 정의할 때 지정하는 변수

인수 argument
: 함수 호출시 매개변수 자리에 실제로 넣는 값

다른 코드를 살펴봅니다.

print_sum 이라는 이름으로
합계를 출력해 주는 함수를 정의했어요.

print_sum ( )의 괄호에 매개변수 a, b가 있어요.

호출할 때, a와 b의 구체적인 값을 입력해 줍니다.

26. 함수

```
def print_sum ( a, b ) :
    print ( a + b )

print_sum ( 3, 4 )
print_sum ( 9, 12 )
print_sum ( 35, 157 )
```

```
1  def print_sum ( a, b ) :
2      print ( a + b )
3
4  print_sum ( 3, 4 )
5  print_sum ( 9, 12 )
6  print_sum ( 35, 157 )
```

RUN (Ctrl + Enter)

7
21
192

앞에서 만든 print_sum (a, b) 함수를
여러 번 호출해 봅니다.

호출할 때마다 a와 b 자리에 각기 다른
숫자를 입력했어요.

매개변수 a, b 자리에 각기 다른 인수를 입력해서
호출한 것입니다.

26. 함수

내가 만든 함수를 다른 사람에게 설명하려면?

> 내가 만든 함수가
> 어떤 일을 하고
> 어떤 결과를 내줄지
> 설명을 달아주고 싶어요.

함수의 용도가 정해진 내장함수들과 달리,
내가 만든 함수는 다른 사람이 용도를 알 수 없어요.

그래서, 함수를 만들 때에는
이 함수가 어떤 일을 하는지도 설명해야 합니다.

26. 함수

```
def print_sum(a, b):
    """ 2개 수의 합을 계산하는 함수 """
    print(a + b)

print_sum(3, 4)
```

○ 들여쓰기

docstring

print_sum(a, b)이라는 함수 이름만 보면
어떤 일을 하는 함수인지 알 수 없어요.

2개 수의 합을 계산하는 함수라는 설명을
위와 같이 달아줍니다.
역시 들여쓰기에 주의하고 여러 줄 출력 때와 같이
따옴표 세 개를 연달아 해줍니다.

이런 함수 설명 부분은 docstring이라고 합니다.

26. 함수

```
def print_sum ( a, b ) :
    """2개 수의 합을 계산하는 함수"""
    print ( a + b )

print_sum ( 3, 4 )
print_sum ( 9, 12 )
print_sum ( 35, 157 )
```

```
1  def print_sum ( a, b ) :
2      """2개 수의 합을 계산하는 함수"""
3      print ( a + b )
4
5  print_sum ( 3, 4 )
6  print_sum ( 9, 12 )
7  print_sum ( 35, 157 )
```

RUN [Ctrl]+[Enter]　　　　　　　　　Refresh

7
21
192

p. 291에서 실습한 코드에
docstring을 넣었습니다.

docstring의 위치와 들여쓰기, 따옴표 등에
유의하면서 위 코드를 실습해보세요.

오른쪽의 예제는
앞에서 배운 함수의 정의와 호출, 매개변수와 인수,
docstring을 모두 연습할 수 있는 예제입니다.

26. 함수

```
def pet_food ( dog, cat ):
    """ 반려견 카페에 갔더니, 강아지에게 뼈다귀 2개씩,
    고양이에게는 생선 3개씩을 간식으로 준대요.
    dog 수와 cat 수를 입력하면 총 간식 수를 계산해주는 함수입니다."""
    bone = dog * 2
    fish = cat * 3
    sum = bone + fish
    print('뼈다귀', bone, '생선', fish, '총', sum, '개')
pet_food ( 4, 5 )
pet_food ( 8, 25 )
```

```
1  def  pet_food ( dog, cat ) :
2          """반려견 까페에 갔더니,강아지에게 뼈다귀 2개씩,
3          고양이에게는 생선 3개씩을 간식으로 준대요.
4          dog수와 cat수를 입력하면
5          총 간식 수를 계산해주는 함수입니다."""
6          bone = dog * 2
7          fish = cat * 3
8          sum = bone * dog
9          print('뼈다귀',bone,'생선',fish,'총',sum,'개')
10 pet_food ( 4, 5 )
11 pet_food ( 8, 25 )
```

뼈다귀 8 생선 15 총 23 개
뼈다귀 16 생선 75 총 91 개

26. 함수

어디에 있는 변수를 쓸 것인가?

함수를 만들 때
함수 밖에 있는 변수를 쏠까?
함수 안에 있는 변수를 쏠까?

가방 밖의 것을 쓸까?
가방 안의 것을 쓸까?

이번에는 함수를 정의할 때
그 함수가 어디에 있는 변수를 사용할 지를
생각해 봅니다.

그 함수가 사용하는 변수가
함수 밖에 있는지, 함수 안에 있는 지에 따라서
실행 결과도 달라질 수 있습니다.

26. 함수

전역 변수 global variable
지역 변수 local variable

함수가 사용할 변수가

함수 밖에 있으면 전역 변수,
함수 안에 있으면 지역 변수입니다.

각각의 영어 표현도 봐두세요.
global variable과 local variable입니다.

26. 함수

이번 축제를 빛내줄 초대 손님을 정해야 합니다.

전 세계 사람들이 다 아는 월드스타 girl band를 초대해야 할지

국내 스타인 판소리 명창을 초대해야 할지 생각 중입니다.

26. 함수

```
global_star = "girl band"        # 전역 변수
                                  ← 함수 밖의 변수

def festival_singer ( ) :
    """축제에 local_star를 초대하는 함수입니다."""
    local_star = "판소리 명창"     # 지역 변수
                                  ← 함수 안의 변수
    print ( "이번 초대손님은", local_star )

festival_singer ( ) :
```

출력결과 : 이번 초대손님은 판소리 명창

위의 코드에 변수가 2개 있습니다.
하나는 함수 밖의 변수인 global_star,
다른 하나는 함수 내의 변수인 local_star입니다.

local_star는 함수 내에 정의된 변수이고
위의 코드에서 함수를 호출하면
함수 내의 변수인 local_star가 출력됩니다.

26. 함수

```
global_star = "girl band"        # 전역 변수

def festival_singer ( ):
    """축제에 global_star를 초대하는 함수입니다."""
    local_star = "판소리 명창"    # 지역 변수
    print ( "이번 초대손님은", global_star )

festival_singer ( ):
```

함수 밖의 변수

함수 안의 변수

출력결과 : 이번 초대손님은 girl band

이번에는 함수 밖의 변수인
global_star를 출력하는 코드입니다.

global_star는 함수 안에 정의된 변수가 아니라
함수 밖의 변수입니다.

girl band가 출력됩니다.

26. 함수

```
global_star = "girl band"        # 전역 변수   ← 함수 밖의 변수

def festival_singer ( ):
    """축제에 local_star를 초대하는 함수입니다."""
    local_star = "판소리 명창"    # 지역 변수   ← 함수 안의 변수
    print ( "이번 초대손님은", local_star )

print ( global_star )
print ( local_star )   ← 오류
```

이번에는 print ( ) 함수로
global_star와 local_star를 출력해 봅니다.

global_star는 함수 밖과 함수 안 어디서든
알 수 있지만,

local_star는 함수 안에서만 알 수 있고
함수 밖에서는 알 수가 없습니다.

26. 함수

```python
global_star = "girl band"              # 전역 변수

def festival_singer ( ) :
        """축제에 local_star를 초대하는 함수입니다."""
        local_star = "판소리 명창"      # 지역 변수
        print ( "이번 초대손님은", global_star )
        print ( "이번 초대손님은", local_star )

festival_singer ( )
```

이번 초대손님은 girl band
이번 초대손님은 판소리 명창

마치 글로벌 스타는 전 세계 사람들이 모두 알지만
국내에서만 유명한 스타는
외국 사람들은 알 수 없는 것과 비슷합니다.

위 코드를 실행해보면서 이해해 봅니다.

26. 함수

```python
global_star = "girl band"              # 전역 변수

def festival_singer ( ) :
        """축제에 local_star를 초대하는 함수입니다."""
        local_star = "판소리 명창"      # 지역 변수
        print ( "이번 초대손님은", global_star )
        print ( "이번 초대손님은", local_star )

print ( "전역 변수 출력", global_star )
print ( "지역 변수 출력", local_star )
```

RUN (Ctrl + Enter)　　　　　　　　　　　　　　　Refresh

전역 변수 출력 girl band

```
Traceback (most recent call last):
  File "/lib/python3.10/_pyodide/_base.py", line 460, in eval_code
    .run(globals, locals)                      오류 발생
  File "/lib/python3.10/_pyodide/_base.py", line 306, in run
    coroutine = eval(self.code, globals, locals)
  File "<exec>", line 10, in <module>
NameError: name 'local_star' is not defined
```

위의 코드에서 함수 안의 지역변수가 출력되지 않고
오류가 발생했어요.
지역 변수는 함수를 벗어나면 즉, 함수 밖에서는
함수 안의 지역 변수가 출력되지 않는 것을 확인해보세요.

26. 함수

핵심 요약

함수

함수를 정의하다
1. 함수의 **이름을 결정**한다.
2. 함수가 **받는 정보를 결정**한다.
3. 함수가 **반환하는 값을 결정**한다.
4. 함수의 일을 **설명**한다.

함수를 호출하다

함수를 불러서 코드를 실행한다.

26. 함수

매개변수와 인수

매개변수parameter
- 함수 정의할 때 지정하는 변수

인수argument
- 함수 호출시 매개변수 자리에 넣는 값

```
def 함수이름 ( ):      매개변수
    실행문1             (정의할때)
    실행문2
                       인수 : 구체적인 정보
함수이름 ( )            (호출할때)
```

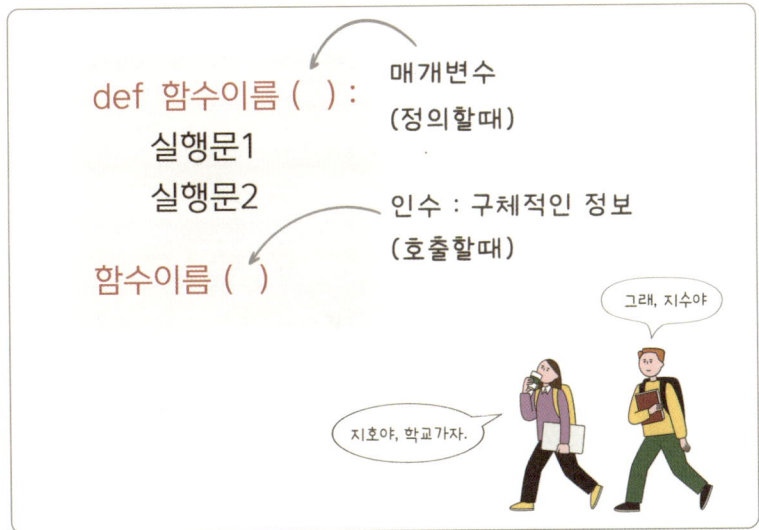

26. 함수

전역변수와 지역변수

전역변수 (global)
- 함수 밖의 변수, 함수 안으로 끌어들일 수 있다.

지역변수 (local)
- 함수 안의 변수. 함수 밖에선 쓸 수 없다.

docstring

- """주석부분"""
- 함수 안에 넣는 주석 (클래스에도 쓰임)
- 함수 내용 설명 (문서화)

클래스는 〈이지파이썬 심화편〉에서 다룹니다.

26. 함수

코드 실습

pyrun.kr에서 다음을 각각 입력하고 실행해 보세요.

입력
```
def greet ( ):
    print ("Hello")

greet ( )
```

입력
```
def greet ( name ):
    print ("Hello", name)

greet ( 'Peggy' )
```

```
1 def greet ( ) :
2     print ("Hello")
3 greet ( )
```
Hello

```
1 def greet ( name ) :
2     print ("Hello", name)
3 greet ('Peggy')
```
Hello Peggy

파이썬 연습장
pyrun.kr

26. 함수

입력
```
star = 'Lina'  # 전역변수

def print_me ( ):
    print ( star )

print_me ( )
```

```
1  star = 'Lina'  # 전역변수
2
3  def print_me ( ) :
4      print ( star )
5
6  print_me ( )
```

Lina

입력
```
def print_me ( ):
    star = 'Jim'  #지역변수

print ( star )
```

```
1  def print_me ( ) :
2      star = 'Jim'  #지역변수
3
4  print ( star )
```

오류 발생

print_me 함수 안에 있는 지역변수는 함수 밖에서는 사용(참조)되지 않습니다. 지역변수는 함수 밖에서는 사용할 수 없어서 print(star) 코드는 오류를 발생시킵니다.

파이썬 연습장
pyrun.kr

26. 함수

입력

```
def sum ( a, b, c ) :
    """3개의 숫자를
    더하는 함수"""
    print ( a + b + c )

sum ( 1, 2, 3 )
sum ( 3, 5, 7 )
```

입력

```
def alarm ( guest ) :
    """ guest에게
    모닝콜을 보내는 함수"""
    print ( guest, '기상' )

alarm ( '준성' )
alarm ( '수현' )
```

```
1  def sum ( a, b, c ) :
2      """3개의 숫자를
3      더하는 함수"""
4      print ( a + b + c )
5
6  sum ( 1, 2, 3 )
7  sum ( 3, 5, 7 )
```

```
1  def alarm ( guest ) :
2      """guest에게
3      모닝콜을 보내는 함수"""
4      print ( guest, '기상' )
5
6  alarm ( '준성' )
7  alarm ( '수현' )
```

6
15

준성 기상
수현 기상

26. 함수

퀴즈

1. 함수를 정의할 때 사용하는 명령은 무엇일까요?
   ① def   ② define   ③ for   ④ range

2. 다음은 함수를 선언하는 기본 예제를 보여줍니다.
   옳지 않은 부분은 무엇일까요?
   ```
   def sum ( a, b ) :
       print ( a + b )

   sum ( 7 )
   ```
   ① sum ( )의 괄호 안에 아무것도 넣으면 안된다.
   ② sum (7)로 하나의 인수 값만 주었다.
   ③ def 문에는 콜론이 필요없다.
   ④ sum (7) 다음에 콜론이 빠졌다.

3. 아래 코드의 결과는 무엇일까요?
   ```
   def mul ( a, b ) :
       print ( a * b )

   mul ( 3, 4 )
   ```
   ① 30   ② 12   ③ 34   ④ 60

답 1.① 2.② 3.②

26. 함수

4. 다음 중 함수의 변수에 대한 설명으로 옳지 않은 것은?
   ① 전역변수는 모든 함수의 외부에 생성된다.
   ② 전역변수는 함수 안에서 수정이 불가능하다.
   ③ 지역변수는 함수 밖에서도 사용이 가능하다.
   ④ 지역변수는 해당 함수가 없어지면 같이 없어진다.

5. 다음 중 함수 내부에서 선언된 변수의 범위는?
   ① 함수 내부에서만 접근 가능
   ② 함수 밖에서도 접근 가능
   ③ 무조건 접근 불가   ④ 전역적으로 접근 가능

6. 다음 코드의 결과는 무엇일까요?
```
def info ( name, age ) :
    print ( "name : ", name )
    print ( "age : ", age )
info ( "Aiden", 26 )
```
   ① name : Aiden   ② name : name
      age : 26   age : age
   ③ Aiden 26   ④ info Aiden 26

답 4.③ 5.① 6.①

26. 함수

미션

개똥이를 찾아주세요

매일 굴비를 먹지말고 쳐다만 보라고 했더니,
개똥이가 속상해서 집을 나가버렸어요.
개똥이 아빠가 개똥이 친구네 집들을 찾아다니는 중이에요.

어느 어느 친구 집을 다녀갔는지 알아보려고 하는데
코드가 오류가 생겨서
개똥이를 부를 수 없어요.

다음 코드를 수정해서
코드가 제대로 작동하도록 해주세요.

26. 함수

```
def friend1 ( ) :
  friend1 = '창식이'
  visitor = '개똥이'
  print ( friend1 +'와', visitor )

def friend2 ( ) :
   friend2 = '돌쇠'
   print ( friend2 +'와', visitor )

def friend3 ( ) :
   friend3 = '마당쇠'
   print ( friend3 +'와', visitor )

friend1 ( )
friend2 ( )
friend3 ( )
print ( visitor )
```

정답은 p. 333~4에 있어요.

정답 (미션)

p. 33

우산이 힌트입니다.
답은 〈비 오는 날〉입니다.

'비'는 인덱스 0 혹은 -7
'오'는 인덱스 3 혹은 -4
'는'은 인덱스 6 혹은 -1
'날'은 인덱스 5 혹은 -2
입니다.

```
t = ['비', '좋', '추', '오', '맑', '날', '는']
print( t[0], t[3] + t[-1], t[-2] )
```

출력 결과

비 오는 날

p. 61

벽에 쓰여진 글씨 안에
답이 있습니다.

'넌 도망치지 못해'
라는 글에서

도둑이 사용한
도구가 무엇인지
슬라이싱 해보세요.

```
memo = '넌 도망치지 못해'
print( memo[ 3 : 5 ] )
```

출력 결과

망치

p. 80

range (1, 45)은
1부터 44까지 생성합니다.

생성한 정수를 리스트로
출력하려면
range (1, 45)을
다시 list ( )로 감싸서
출력하면 됩니다.

print (list (range (1, 45)))

출력 결과

[1, 2, 3, 4, 5, 6, 7, 8, 9, 10, 11, 12, 13, 14, 15, 16, 17, 18, 19, 20, 21, 22, 23, 24, 25, 26, 27, 28, 29, 30, 31, 32, 33, 34, 35, 36, 37, 38, 39, 40, 41, 42, 43, 44]

p. 81

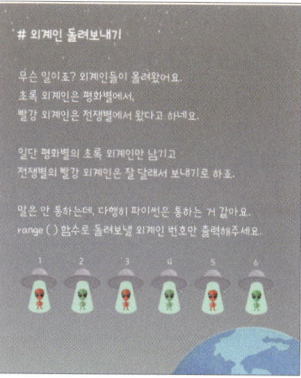

출력할 외계인의 번호는
1, 3, 5번입니다.

range (1, 7, 2)를 사용하면
정수 1부터 6까지 2씩 건너뛴
수가 생성됩니다.

생성된 수는 list( )로 감싸서
출력하세요.

print (list (range (1, 7, 2)))

출력 결과
[1, 3, 5]

p. 119

print ( )의 괄호 안의 bool 값을 모두 True가 되도록 합니다.

print (bool (3 != 5))
print (bool (not False))
print (bool (True or False))

출력 결과

True
True
True

p. 138
~ 139

(가로 열쇠)
1. print
2. int
3. count
4. sum
5. len
6. range
7. type

(세로 열쇠)
4. set
5. list
6. float
7. max
8. input
9. min

십자말 풀이 전체 정답

p. 140

정해진 답이 없는 문제입니다.
자유롭게 작성해 보세요.

```
food = [ '바나나', '딸기', '옥수수', '오징어', '식빵', '우유' ]
print ( len ( food ) )
```

출력 결과

6

위 답은 예시입니다. 다른 답도 가능합니다.

p. 141

다이어트 진행 중

이번주 매일 윗몸일으키기 운동을 하고 있어요.
39, 49, 20, 33, 40, 56, 13
위 숫자는 이번 주 요일별 윗몸일으키기 개수입니다.

☑ sit_up 이란 변수를 선언하고 위의 윗몸일으키기 개수를
리스트로 할당해서 출력해 보세요.
☑ 가장 작은 수는 몇인지 출력해보세요.
☑ 가장 큰 수는 몇인지 출력해보세요.
☑ 정렬을 해보세요.
☑ 총 개수를 더해보세요.

가장 작은 수는 min ( )
가장 큰 수는 max ( )
정렬은 sorted ( )
총 합은 sum ( )

```
sit_up = [ 39, 49, 20, 33, 40, 56, 13 ]
print ( min ( sit_up ) )
print ( max ( sit_up ) )
print ( sorted ( sit_up ) )
print ( sum ( sit_up ) )
```

출력 결과

```
13
56
[ 13, 20, 33, 39, 40, 49, 56 ]
250
```

p. 154

정해진 질문과 정해진 답이 없는 문제입니다.

자유롭게 작성해 보세요.

```
a = input ( '공룡아, 너는 누구니?' )
b = input ( '넌 어디에서 왔니?' )
print ( a )
print ( b )
```

p. 155

정해진 질문과 정해진 답이 없는 문제입니다.

자유롭게 작성해 보세요.

```
a = input('거울아 거울아, 누가 제일 파이썬을 잘하니?')
print(a)
```

p.156

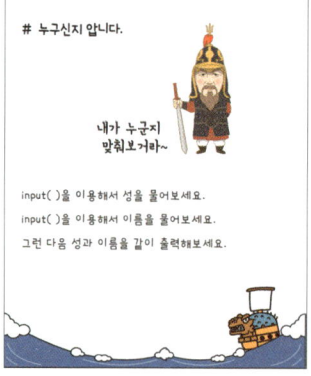

정해진 답이 없는 문제입니다.
자유롭게 작성해 보세요.

```
last_name = input('성이 무엇입니까?')
first_name = input('이름이 무엇입니까?')
print(last_name + first_name)
```

출력 결과

성이 무엇입니까? 이
이름이 무엇입니까? 순신
이순신

p.157

input ( )으로 각 개수를 물어본 뒤,

정수형으로 바꿔주려면 int ( )로 감싸줍니다.

```
a = int ( input ( '뼈다귀 갯수는?' ) )
b = int ( input ( '고구마 갯수는?' ) )
print ( '총 갯수는', a + b )
```

출력 결과

뼈다귀 갯수는? 3

고구마 갯수는? 2

총 갯수는 5

p.202

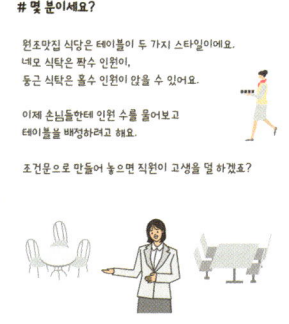

짝수와 홀수를 판단하는
bool 조건식은
% 2를 사용합니다.

a % 2로 계산하여
나머지가 1이면 홀수,
나머지가 0이면 짝수예요.

```
a = int ( input ( "인원이 몇 분이세요? " ) )

if a % 2 == 0 :
    print ( "사각 테이블로 안내할게요." )

else :
    print ( "둥근 테이블로 안내할게요" )
```

출력 결과 (# 4 입력시)

인원이 몇 분이세요? 4
사각 테이블로 안내할게요.

위 답은 예시입니다. 다른 숫자도 입력해보세요.

p. 203

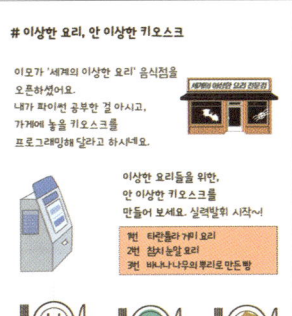

아래 예시 코드와 다르게 작성해도 좋습니다.

자유롭게 시도해보세요.

```
button = input ( '버튼 1,2,3 중에 하나를 누르세요. ' )

if button == '1' :
    print ( '타란튤라 거미 요리를 준비해드릴게요' )
elif button == '2' :
    print ( '참치 눈알 요리를 준비해드릴게요' )
elif button == '3' :
    print ( '바나나 나무의 뿌리로 만든 빵을 드릴게요' )
else :
    print ( '다시 버튼을 눌러주세요' )
```

출력 결과 (# 1 입력 시)
버튼 1,2,3 중에 하나를 누르세요. 1
타란튤라 거미 요리를 준비해드릴게요.

위 답은 예시입니다. 다른 숫자도 입력해보세요.

p. 215

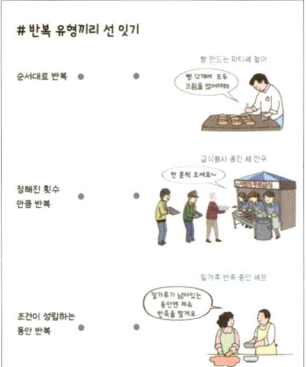 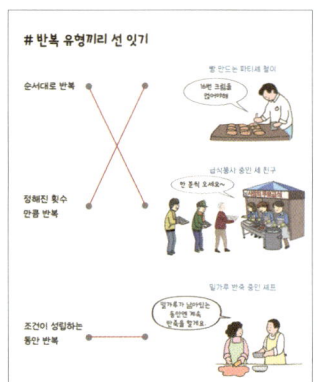

파티셰 철이는 크림을 12번 얹으려고 합니다.
　→ 정해진 횟수만큼 반복

급식봉사 중인 세 친구는 순서대로 배식을 합니다.
　→ 순서대로 반복

밀가루가 남아있는 동안 셰프는 계속 반죽을 합니다.
　→ 조건이 성립하는 동안 반복

p. 233

#카운트가 시작됐어 #폭발을 막아 !!!

"보고있나, 이 폭탄을..."
범인이 폭탄을 설치했군요.

while 반복문으로
카운트되게 해놓고
10이 되면 터지도록
해 놓은거 같아요.
1, 2, 3, 4, 5, 6, 7, 8, 9

10까지 출력되기 전에
어서 범인의 while 반복문 코드를 알아내세요.
그리고, 1부터 9까지만 출력되도록 코드를 적어보세요.

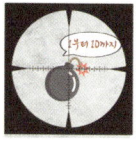

1부터 9까지 순차적으로
1씩 늘어나는 반복문을
만들어보세요.

```
count = 1

while count < 10 :
    print ( count )
    count = count + 1
```

출력 결과
1
2
3
4
5
6
7
8
9

p. 255

시간의 수레바퀴

당신은 무슨 띠인가요?

당신 띠를 시작으로 시계방향 순으로 리스트를 만들어보고,
for 시퀀스 반복문을 활용해서 12띠를 출력해보세요.

띠 이름을 리스트로 만들고
리스트 안의 요소들을
한 번씩 순서대로
반복하는 반복문을
만듭니다.

zodiac_sign = ['자', '축', '인', '묘', '진', '사', '오', '미',
'신', '유', '술', '해']

for k in zodiac_sign :
    print (k)

출력 결과

자
축
인
묘
진
사

오
미
신
유
술
해

위 코드와 출력 결과는 예시입니다.
본인의 띠로 시작해보세요.

p. 272

정한 횟수만큼 반복하는 반복문에는 range ( )를 사용합니다.

range (10)을 하여 10번 반복하도록 합니다.

```
for i in range ( 1, 11 ) :
    i = str ( i )
    print ( '개똥이가', '굴비를', i +"번째", "쳐다본다." )
```

출력 결과

개똥이가 굴비를 1번째 쳐다본다.
개똥이가 굴비를 2번째 쳐다본다.
개똥이가 굴비를 3번째 쳐다본다.
개똥이가 굴비를 4번째 쳐다본다.
개똥이가 굴비를 5번째 쳐다본다.
개똥이가 굴비를 6번째 쳐다본다.
개똥이가 굴비를 7번째 쳐다본다.
개똥이가 굴비를 8번째 쳐다본다.
개똥이가 굴비를 9번째 쳐다본다.
개똥이가 굴비를 10번째 쳐다본다.

p. 273

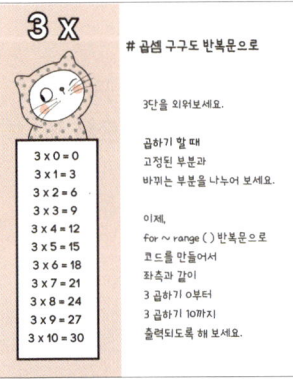

range ( ) 함수로
0부터 10까지 생성해서
3과 곱해 봅니다.

```
for K in range ( 0, 11 ) :
    print ( "3 x", K, "=", 3 * K )
```

출력 결과

3 x 0 = 0
3 x 1 = 3
3 x 2 = 6
3 x 3 = 9
3 x 4 = 12
3 x 5 = 15
3 x 6 = 18
3 x 7 = 21
3 x 8 = 24
3 x 9 = 27
3 x 10 = 30

p. 312
~ 313

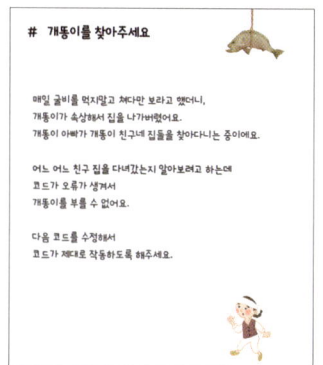

전역변수와 지역변수의 문제입니다.

visitor = '개똥이'

위의 코드를 전역변수로 수정하면
코드에 오류가 발생하지 않아요.

전역변수로 수정하기 위해서는
def friend1 ( ) : 아래의 위치에서
함수 밖으로 옮기면 됩니다.

(다음 페이지에 정답 계속)

```
visitor = '개똥이'

def friend1 ( ) :
   friend1 = '창식이'
   print ( friend1 +'와', visitor )

def friend2 ( ) :
   friend2 = '돌쇠'
   print ( friend2 +'와', visitor )

def friend3 ( ) :
   friend3 = '마당쇠'
   print ( friend3 +'와', visitor )

friend1 ( )
friend2 ( )
friend3 ( )
print ( visitor )
```

〈이지파이썬 심화〉 편으로 이어집니다.

심화 편

27. return
28. 중첩문
29. break / continue
30. 다양한 내장함수
31. 함수의 매개변수
32. 람다함수
33. 포맷함수
34. escape 문자
35. 클래스의 개념
36. 클래스의 속성과 메서드
37. 클래스의 상속
38 라이브러리

〈심화〉 편의 목차는 다소 수정될 수 있습니다.

이지파이썬 1, 2권을 마쳤다면, 도전해보세요.

파이썬프로그래밍 능력검정시험 3급

한국직업능력연구원 민간등록자격 / 등록번호 제2021-005578호

www.ai-test.org 에서 응시하세요.

온라인으로 인공지능 감독하에 보는 시험이에요.